Lernen und Lachen
Des Kindes erstes Lesebuch

Im Auftrage des Breslauer
Lehrervereins herausgegeben
von

Dr.phil.Paul Fischer, Fritz Rupprecht, Wilhelm Loose, Artur Schoke

Bildschmuck von L. Burger

Nachdruck einer Originalfibel aus dem Jahre 1923
im Verlag Ferdinand Hirt, Breslau.
Originaltitel: „Lernen und Lachen. Des Kindes erstes Lesebuch"

ISBN 3-89093-013-1

Orion-Heimreiter-Verlag, D-24035 Kiel, Postfach 3667
Druck und Bindearbeiten: Husum Druck- und Verlagsgesellschaft
Gedruckt in Deutschland

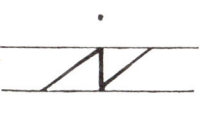

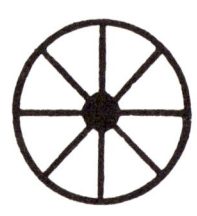

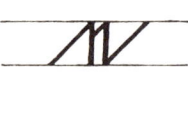

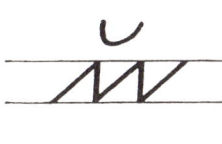

3

5

l

loelo lwo ŭli

lolo lilo lo lo

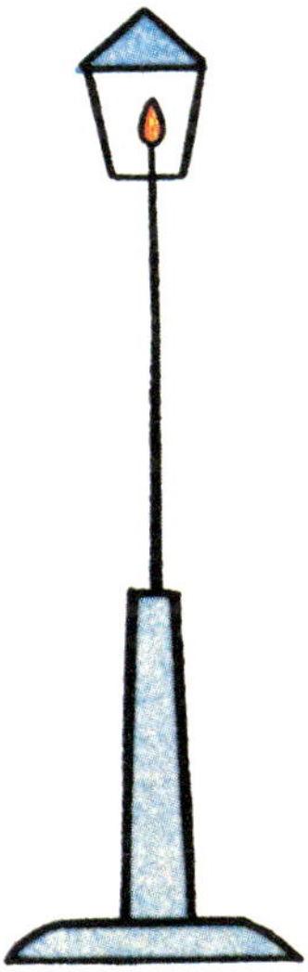

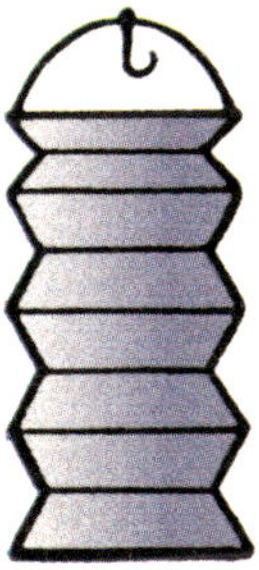

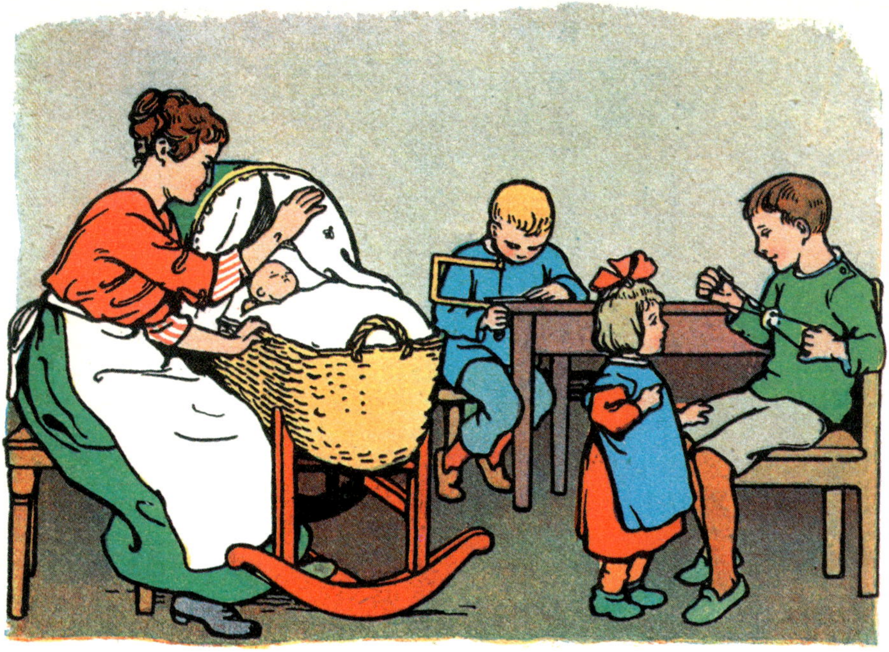

s

suse lisa

uli mama

so suse

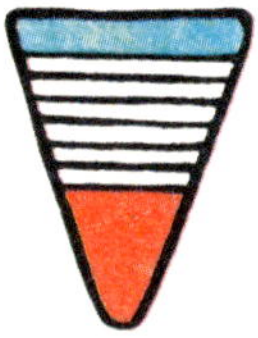

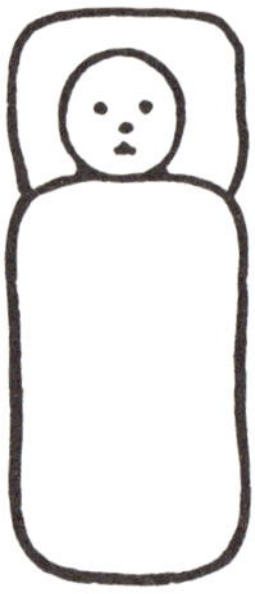

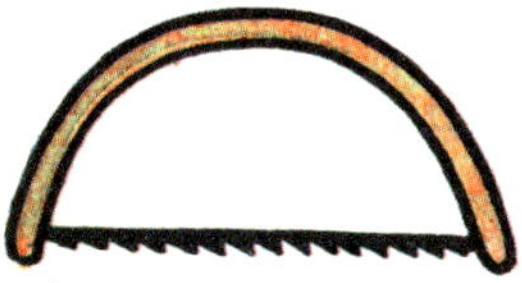

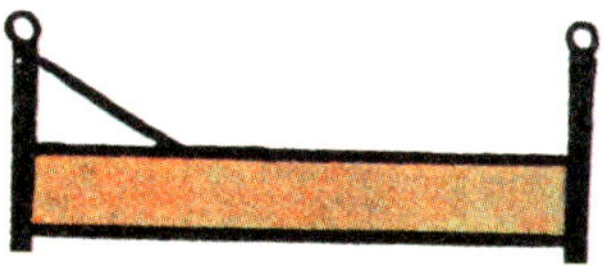

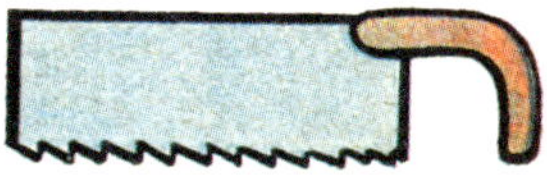

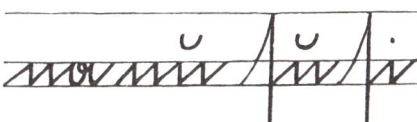

9

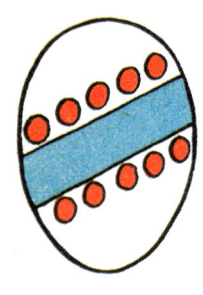

ой

ю мим

Аойдп Аойдп

мимии мимиой

ойимиииии мойдп

‎———————‎

‎ли‎

‎лао   лялия‎

‎лао   йий‎

‎ли ля‎

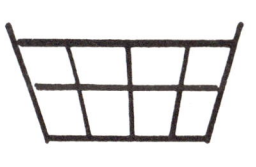

‎лаолий лаойлаой‎

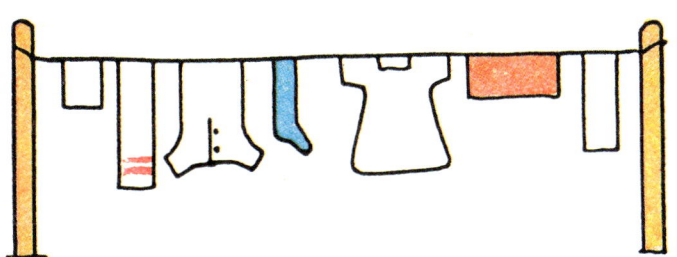

f f f

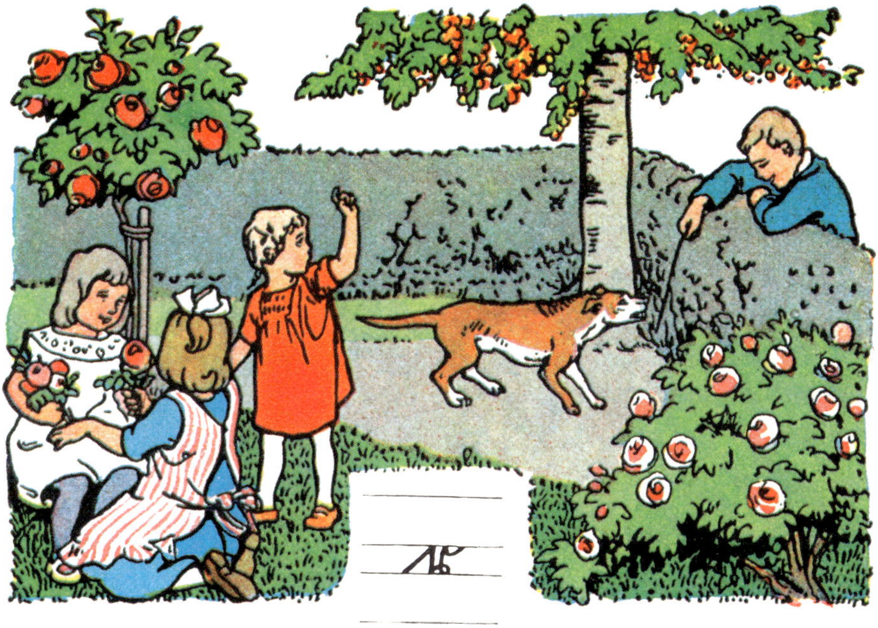

reſi roſa laura

eine feine roſe

reife 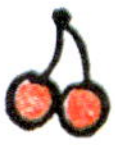

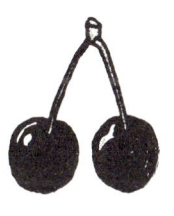

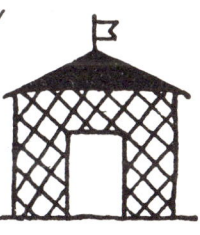

wo uli wo nero

roſa ruft uli

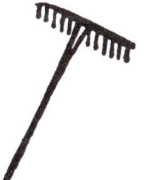

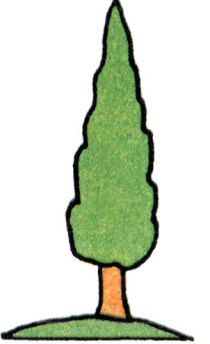

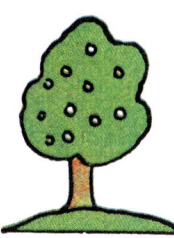

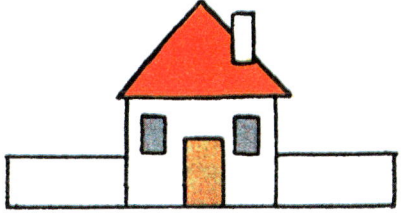

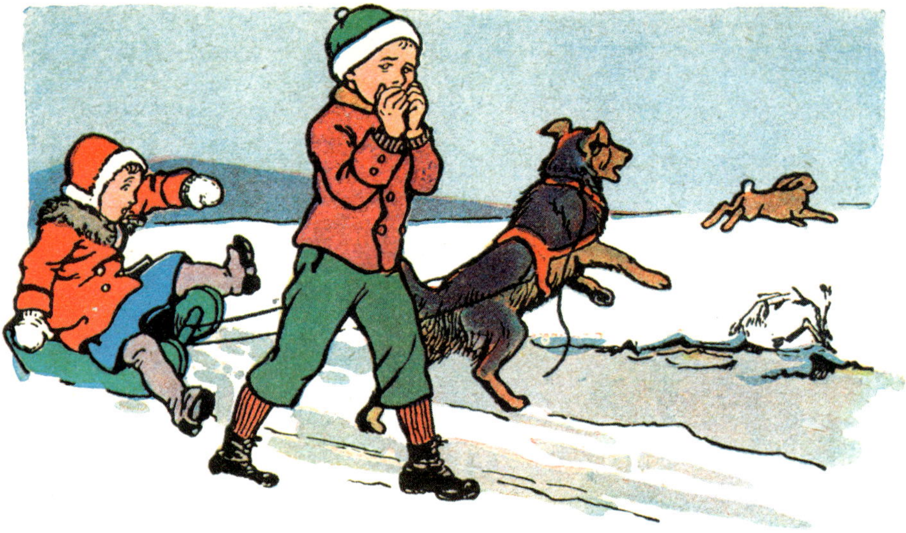

i u n m e ei eu

i u n m e ei eu

o a au l r w

o a au l r w

ma ma le ne li na lau ra

u li e mil le o ne ro

ei ne mu mu ei ne mi au

ei ne eu le ein wau wau

ſ f h ſch s

ſ f h ſch s

ma le: ei ne mi au ei ne maus

ei ne eu le ein haus

ei ne ſche re ſchu he

ho le: ſei fe wein ei ne fei le

mei ne lei ne ei ne ro ſe

rei me: ſcheu n . . faul m . . .

mir w . . fein r . . .

ſo nun ru he aus

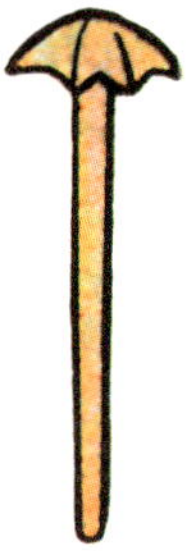

z 3

zehn zwölf

ma ma mei ne ro se
ha zi   ha zi
re si   ei ne   zei le
re si schau hei nis ze he
li sa hei ze ein

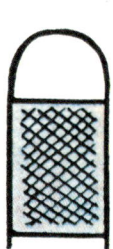

𝔸 t

Ans   toni   unter (cursive handwriting)

tut tut

o ſo laut

ein au to

me ta zur ſei te

to ni ſchaut zu

te o haut ne ro

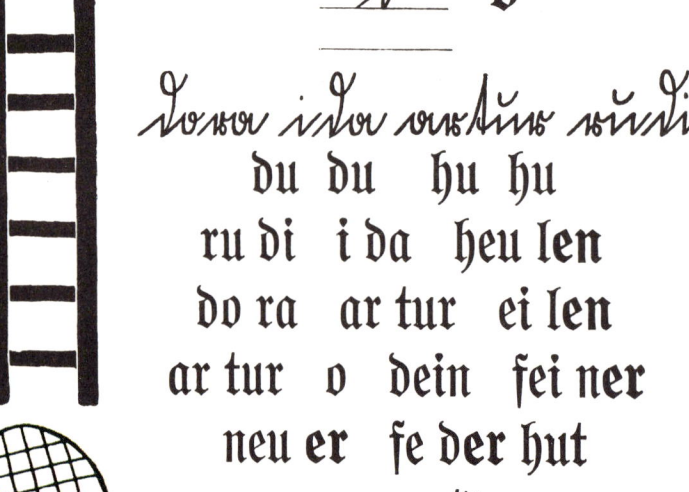

𝔡

dein ida artur rudi

du du   hu hu

ru di   i da   heu len

do ra   ar tur   ei len

ar tur   o   dein   fei ner

neu er   fe der hut

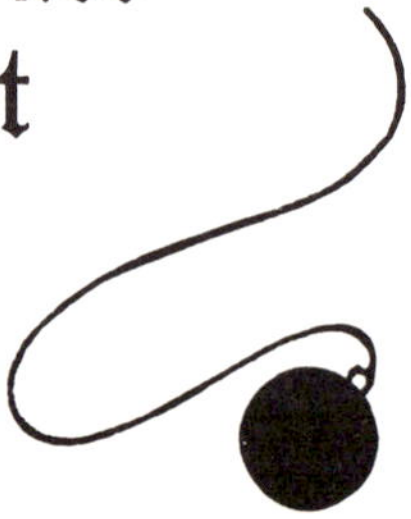

K k

Karolinn weine
Käufenn
schokolade Kakao

ku no kam da zu
ka ro zur sei te

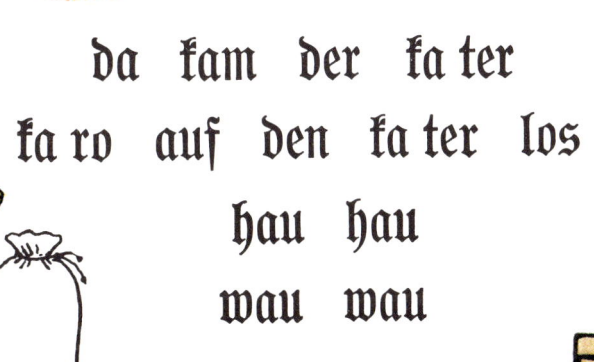

da kam der ka ter
ka ro auf den ka ter los
hau hau
wau wau
o der ra dau

 **g**

gisela kuno
gehen aus

auf dem we ge da ein wa gen
auf dem wa gen gu te fei gen
gi fe la ku no kau fen ein
ru fen fa gen
le ge fei gen auf **die** wa ge
nun   ge nau   ge wo gen
o fo ein gaul

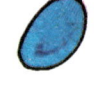

p

papa paul peter paulinn

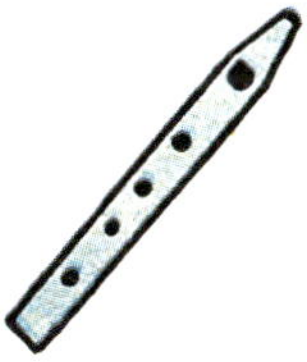

paul ei ne peit ſche

pe ter ein .pa ket

pa pa ei ne

da ei ne pau ke   ei ne po ſau ne

der pau ker haut auf ſei ne pau ke

was tut der pu del

nein die mu ſik

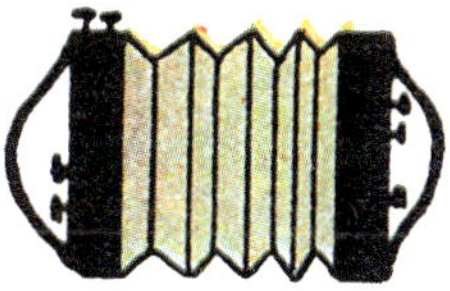

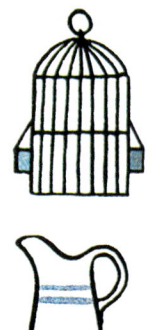

b b

bude bubi bründl

bu bi pau li ne bei der bu de

r r

da ei ne fi gur

r r

da ein beu tel

o bau er dein pu del

ch

ſuch niſch tuch buch

ſchaut die ei che ſo hoch
ich ſu che mir ei ne ei chel
ich rei che euch auch ei ne

da hoch o ben
ein
ich ſcheu che **es**
ſch ſch

ŭ ü̆ ŏ ŏ̆ ă ă̆

u ü o ö a ä

schule

nun los
paul hö re gut zu
lö se die auf ga be 5+5
bü cher her auf nun le sen wir
das mär chen
lö we **und** häs chen
rös chen hö her dein näs chen
ma le ei nen sä bel ein hüt chen
so das war schön

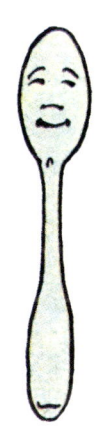

gün ter und il ſe

der koch und die kö chin

die ko chen und bak ken

ge mü ſe und ku chen

die ſup pe den fiſch

und al ma und ber ta

die wa ſchen und wi ſchen

die taſ ſen und tel ler

die meſ ſer die löf fel

und wal ter und hil de

die ren nen und fül len

die ei mer

die wan nen

die töp fe

die kan nen

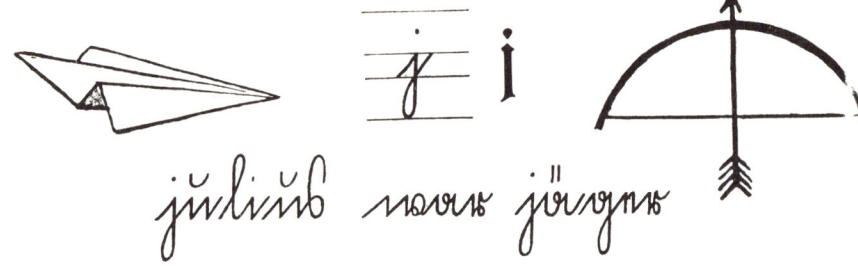

```
je ne    wa ren    ha sen
jä ger  la de     jä ger  lauf
häs lein  auf     häs lein  auf
juch he  ein ha se    auf der  na se
```

_Ĺ_ ſt

die poſt iſt da

ei ne ki ſte für die kin der
was iſt dar in
ei ne we ſte für au guſt
ei ne ſchür ze für au gu ſte
und an de re ſa chen
haſt du ge ſe hen
o
wel che luſt

d D

Dora, die feine Dame.

Da schau die Dame.

Das ist un se re Dora.

Die möch te schon ei ne Dame sein.

Doch wir la chen sie aus
und rufen:

Du schöne Dame!

Du feine Dame!

$$\mathcal{A} \qquad t \; \mathfrak{T}$$

Die Tante.

Die Tante ist ge kom men.
Da schau die Tüte und die Torte!
Die Tüte ist für Teo.
Die Torte ist für alle.
Du gute Tante!
Da hast du ei ne schöne Tulpe.

o O ö Ö

Die Oder.

O, da ist es fein!

Da möcht ich sein!

Otto und Teo baden.   Oskar fischt.

Olga baut Öfen. Dora macht Torten.

Der Oheim und die Tante

sehen nach dem

Der raucht und zischt.

34

a A ä Ä au Au

Äp fel.

Äpfel! Äpfel!

O wie sie fal len!

Artur schüt telt die Äste.

Anton, An na und Au gust

heben die schönen Äpfel auf.

Au, ruft August,

ein Apfel ist mir auf den **Arm** ge fal len.

Dort ist er.

O warte, du Taps,

dich es se ich sofort auf!

g G

Der Geiger.

Auguſt, horch! Gei gen tö ne.

Du meine Güte, der arme Geiger!

Gehen wir hin un ter!

Günter, Gerda, Alma und Dora
ſind ſchon unten.

Gerade be gin nen ſie zu tanzen.

Der Geiger hört nun auf!

Gut gegeigt, armer Geiger!

Da eine Gabe.

Günter hebt ſie auf.

ſ S ſch Sch

Soldaten.

Schau dort **drüben** die kleinen Soldaten! So **friſch** und munter! Sie **tragen** Säbel an der Seite! Anton **ſchl**ägt die **Trom** mel. Otto **bläſt** die **Trom** pe te. Artur auf dem **Schim** mel iſt Ge ne ral. Den Säbel hat er aus der Scheide gezogen. Seine Soldaten **ſchreiten** im **Trit** te.

Aber was tut der Soldat am **Schil** der hau ſe?

37

ü Ü ü Ü u U ü Ü ß ß

Das Ungetüm.

Ursula mußte am Abend nach der Dach kam mer gehen. Da war es schon ganz fin ster. Auf einmal tönte es: U, u, hu, hu! An der Tür war ein schwarzes Ungetüm. U, u, hu! machte es im mer fort.

Ursula erschrak. Da grunz te das Ungetüm. Sogleich wußte Ursula, daß es der schlimme Ulrich war. Der hatte sich einen alten Teppich ü ber ge- wor fen und Großpapas Schafpelz angezogen. Sie trat auf das Ungetüm zu und faßte es herz haft an.

O, man muß sich nicht gleich fürchten, sagte Ursula und lachte den Übeltäter aus.

z 3

Zum Zuge.

Otto und Anna gehen zum Zuge. Sie wollen die Tante aus Zobten abholen. Der Zeiger zeigt auf acht. Da haben sie noch Zeit. Sie schlen= **dern** an den Schau fen **stern** hin.

Schau, was für schöne Sachen! Da Zi tro nen, süße Ap fel si nen, große To ma ten. Dort in Glä **sern** Zimt und Senf. Dort in Schach **teln** Seife, dort auf Tel **lern** saure Gurken. Da Scho= ten, Dat **teln**, Trauben und Zuk ker sa chen.

Aber, weißt du, nun ist es Zeit, wir müssen eilen. Der Zug muß bald kommen. Da pol **tert** er schon herein.

r R

Ri ra rutſch!
Du alte Rumpel kutſch,
hüo hüo weiter,
wo iſt unſer Reiter?
hurre hurre hop ſaſ ſa,
ſchon iſt auch der Reiter da!
Reiter, blaſe tra ra ra!
Ri ra rutſch,
nun ſind wir da.

n N R

Der Neger.

O schau, Nora, ein Neger! Nein, was für ein komischer Geselle! Ach, das schwarze Gesicht, die breite Nase, die Augen! Da am Zettel sein Name Nelli U ru bim bam.

Gehen wir doch auch mal hinein, Nora! Nein, laß, Robert, ich fürch te mich! Nero fürch tet sich auch.

Nun so gehen wir weiter!

41

m M

Der arme Martin.

Am Montag kam er aus der Schule und sagte zur Mutter: Mir ist gar nicht gut, ich muß mich hinlegen, essen mag ich auch nicht. Nein, aber Martin, was sind das für Sachen!

Aber in der Nacht wurde es immer schlimmer. Am andern Morgen mußte Mutter den Doktor holen. Aha, sagte der, ich wußte es gleich, der Martin hat die Masern. Na, dem kleinen Manne wollen wir schon helfen! Da wird er Medizin bekommen, und bald wird er gesund sein.

So war es auch. Als heute am Morgen die Mutter zum kleinen Martin trat, lachte er und sagte: Mutter, ich bin schon gesund. Gib mir doch etwas zu essen! Da freute sich die Mutter. Schon brachte sie ein Täßchen Milch und eine Semmel mit Mus. O, sagte Martin, das ist aber fein! Du, Mutter, morgen darf ich doch in die Schule?

w W M

Wer kauft?

Gute Ware, feine Ware! Mandeln,
Scho ko la de, Wal nüſ ſe, Wurſt, auch
ſüße Weintrauben für den Durſt!
Wer kauft?

So ruft Walter. Wanda, Meta und Willi kaufen.
Die Waren ſind nicht teuer, und Walter gibt reichlich.

Wo ſind ſie?

Wagen	— Schneider.		Obſt	— Schuppen.
Mantel	— Geſicht.		Milch	— Wanne.
Wäſche	— Tüte.		Naſe	— Topf.

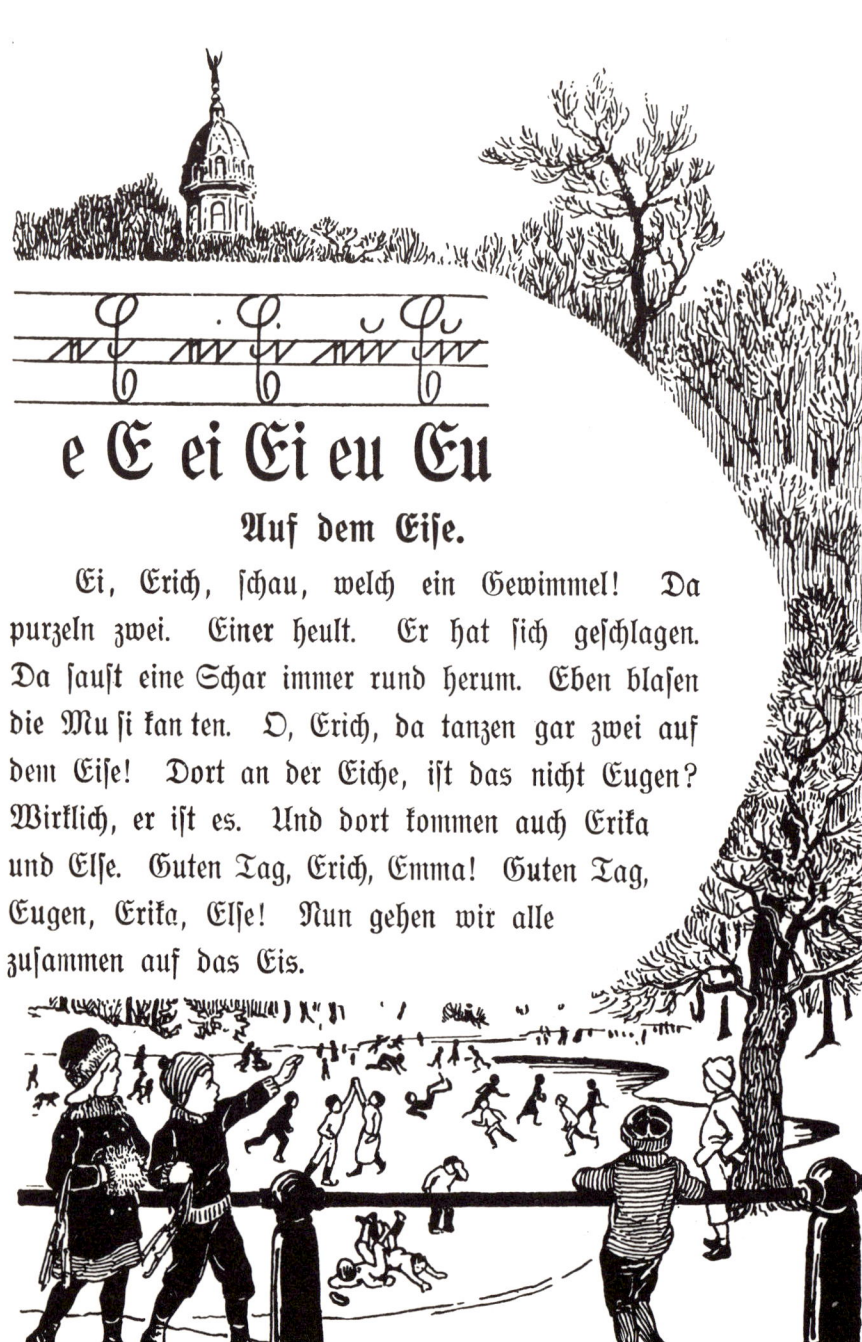

e E ei Ei eu Eu

Auf dem Eise.

Ei, Erich, schau, welch ein Gewimmel! Da purzeln zwei. Einer heult. Er hat sich geschlagen. Da saust eine Schar immer rund herum. Eben blasen die Musikanten. O, Erich, da tanzen gar zwei auf dem Eise! Dort an der Eiche, ist das nicht Eugen? Wirklich, er ist es. Und dort kommen auch Erika und Else. Guten Tag, Erich, Emma! Guten Tag, Eugen, Erika, Else! Nun gehen wir alle zusammen auf das Eis.

p P pf Pf

Auf dem Postamte.

Papa und Paul sind auf dem Postamte. Sie geben ein Paket auf. Da ist eine Puppe drin mit einem blonden Zopfe. Die kleine Paula wird sie zum Geburtstage bekommen. Die wird sich aber freuen! Papa und Paul müssen eine Weile warten. Nun sind sie an der Reihe. Der Postbote legt das Paket auf die Wage. Das kostet 3 Mark. Da holt er Marken aus dem Pulte und klebt sie auf den gelben Zettel.

Draußen wartet der Postkutscher mit dem Postwagen und den beiden Pferden. Er hat seinen dicken Pelz an und raucht seine Pfeife. Schon werden die Pakete eingeladen. Papa, ob unser Paket auch dabei ist?

Die Fische.

Franz hatte 2 Mark bekommen. Da sagte er zu Fritz: Weißt du, dafür kaufe ich mir fünf Fische.

Am Freitag ist Franz mit Fritz im Geschäft gewesen, wo es lebende Fische zu kaufen gibt. Und Futter mußte er auch gleich dazu kaufen und ein kleines Netz.

Nun sind die Fische im Glaskasten am Fenster. Wie sie her um schwim men! Sie rudern mit den Flossen. Geben wir den Fischen einmal Semmel! Schau doch, wie sie mit dem Maule schnappen! Nun jagen sie sich, husch, husch! Wollen sie sich haschen?

————

Fischers Fritz fischt frische Fische,
frische Fische fischt Fischers Fritz.

In den Ferien.

Im Juli hatten wir Ferien. Ida, Ilse und ich besuchten unsere Tante Julchen auf dem Dorfe. Juchhe, das war ein Jubel! Julius und Johannes holten uns mit dem neuen Wagen am Zuge ab. Jeden Tag waren wir im Freien. Julius hatte gesagt: Ida, Ilse und Irma müssen auch arbeiten. Im Felde halfen wir bei der Ernte. Im Walde suchten wir Pilze. Dort sahen wir einmal einen Igel. Auch den Jäger mit der grünen Joppe trafen wir oft. Im August waren die Ferien zu Ende. Schade!

Pup pen hoch zeit.

Lalala, trara, dideldumdumdum!
Ja, heute ist Puppenhochzeit. Da
muß es Musik und Tanz geben
und feines Essen und Wein. Bei der Laube im Garten
brennen bunte Lampen. Günter, Paul und Leopold machen
Musik. Die andern kleinen Leute tanzen alle: Lene und
Anna und Julius und Else und Lina. Sogar Lump, der
Pudel, muß mit und der alte Misekater. Lump hat zwar
gar keine Lust; aber Lotte hat den Faulpelz gerade noch
erwischt. Er hat nämlich ausreißen wollen. Nun muß er
mit, immer rundherum, immer nach der Musik:

Lalala, trara, dideldumdumdum.

b B

Bubi und Bär.

Bubi, horch, es klopft! Ei die Post!
Bitte schön, ein Paket!

Ach, Bubi, das ist für dich. Tante Berta
sendet es. Wir machen es gleich auf. U, was
da herausschaut! Ein Bär, ein Bär! Sein Pelz
ist aus braunem Samt. Und so groß ist er!
Beinahe so groß wie der ganze Bubi. Brumme
einmal, Bär!

Aber Bubi fürchtet sich. Er heult: Bär Bubi
beißen, hu, hu! Mutter Bär forthauen, hu, hu!

Da lachen alle den kleinen, dummen Bubi
aus.

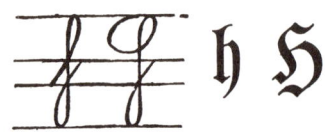

Möpschen und Hase.

Möpschen jagt einen Hasen auf. Heidi fegen sie über das Haferfeld. Auf einmal ein Graben. Hopsa ist der Hase drüber weg. O, Möpschen, was nun? Der Graben so breit, das Wasser so naß! O, das dumme Gesicht! Häschen lacht.

Möpschen
keucht betrübt
nach Hause.

Am Kaufladen.

Gelt, da sind feine Sachen! Dort eine kleine Kanone und ein Auto, da ein ganzer Kramladen, da ein großes Schaukelpferd, eine Trompete, ein Kasten zum Bauen, dort eine Küche für die Puppen und eine Katze aus schwarzem Samt. Da oben sind 2 Hampelmänner. O, die sind groß!

Karl, was wünschst du dir? Ich möchte die kleine Geige haben. Da würdest du schön kratzen!

Was wünschst du dir, Klara? Ich möchte die große Puppe mit dem weißen Kleide und das kleine Körbchen bei der Katze. Und du, Kurt? Ich wünsche mir den Kasten mit den bunten Kreiden. Da würde ich schöne Bilder malen.

Gehen wir hinein, Mutter!

Nein, Kinder, es ist alles zu teuer.

Bäkker Bäcker ck = kk

Beim Bäcker.

Am Montag hat Mutter Geburtstag. Da bäckt sie heute schon einen großen und einen kleinen Kuchen mit Rosinen. Paul muß rasch noch eine Zitrone holen. Die Mandeln sind schon zurecht gemacht. Der Kuchen muß ganz besonders gut schmecken. Großmutter und Tante Berta kommen auf Besuch. Paul darf die Schüssel auskratzen und den Löffel ablecken.

So, Paul, jetzt mußt du mit zum Bäcker Kunert gehen ins Backhaus. Den kleinen Kuchen wirst du tragen.

Guten Tag, Meister Kunert!

Sie müssen einen Augenblick warten! Es ist noch Brot im Backofen.

Im Laden gibt es frisches Brot, weiße Semmel, Apfel= kuchen, Brezeln und noch andere Backwaren.

So, Frau Nachbarin, nun ist es so weit! Paul, du mußt acht geben, sonst machst du dir an den Säcken die Jacke weiß.

Schon steckt der Meister die beiden Kuchenbleche in den Backofen. Die Mutter sagt: Um 3 hole ich das Gebackene.

Unterwegs bittet Paul: Gelt, Mutter, ich bekomme schon heute eine kleine Probe?

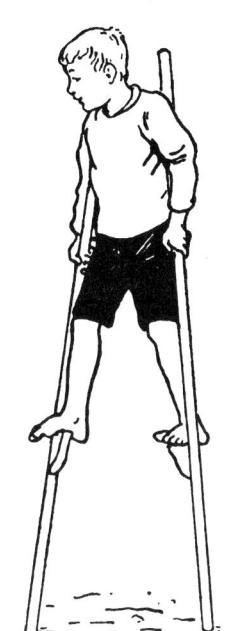

ſt St

Auf Stelzen!

August und Ernſt
laufen auf Stelzen.

Wie hoch ſie ſtehen! Wie ſteif ſie hin und her ſteigen! Wie ſie ausſchreiten! Nun laufen ſie eine große **Strecke** auf der **Straße**.

Sie können nicht auf einer Stelle ſtehen. Stoße ſie nicht! Sonſt ſtolpern ſie über den Stein und ſtürzen. Ei, welche Luſt, auf Stelzen zu gehen!

———

Wer ſtolpert dabei nicht?

1. Bäckers Grete ſtopft braune Strümpfe.
2. Fritzchen hat krumme
   Strampelbeine.

 ſp Sp

Die kleinen Gärtner.

Als Hans und Günter heute aus der Schule kamen, sprachen sie: Mutter, wir gehen sogleich in unsern Schreber=garten, sonst wird es zu spät.

Hans holte den Spaten und Günter den Rechen.

Im Garten lärmten die Spaßen. Stare pfiffen. Hum=meln und Wespen flogen durch die Luft. Die Ka sta ni en hatten schon dicke, braune Knospen.

Hans und Günter machten sich sogleich an die Arbeit. Der eine grub, der andere rechte den Boden fein.

Nun können wir säen, sprach Günter. Dorthin säen wir Spinat. Drüben in der Ecke muß der Spargel stehen. Da wird sich Mutter aber freuen: Spinat ist gesund, und Spargel ist teuer.

54

O, Hans, schau mal das große Spinnennetz! Es glitzert in der Sonne. Ei, das ist fein! Ist das aber eine große Spinne! Da ist ja eine Mücke ins Netz geflogen! Die Spinne hat es sogleich gespürt. Wie rasch sie auf dem Netze herübergeklettert! Da ist sie schon bei der Mücke! Was wird sie bloß jetzt machen? O, du arme Mücke!

Was tun sie?

Der Star — grunzt.
Der Spatz — miaut.
Der Storch — pfeift.
Der Papagei — sticht.
Die Henne — blökt.

Das Pferd — zwitschert.
Das Schwein — spricht.
Das Schaf — gackert.
Die Katze — stampft.
Die Wespe — klappert.

Als der Nikolaus kam.

Die Kinder sangen in der dunklen Stube:

Nikolaus, Nikolaus,
bring doch deine Rute raus,
böse Jungen sind im Haus!

Da klang es auf dem Gange: klingling.

Den Kindern wurde angst und bange. Eins kroch in den Schrank, eins legte sich lang unter die Bank. Inge sprang flink in den finstern Winkel.

Elſe fing an zu weinen.

Nun ging die Tür auf. Der Nikolaus kam herein und ſchwang ſeine Rute. Er fragte ſtreng:

Gehorchen die Kinder? Zanken ſie nicht? Beten ſie gern?

Ja, ja!

Da bekam jedes ein kleines Geſchenk.

Als er hinaus war, ſagte Inge: Der ſprach ja faſt ſo wie der Onkel Springer.

Im Schlaraffenlande.

Heute wollen wir einmal ins Schlaraffenland reiſen. Zuerſt müſſen wir uns durch einen großen Berg von Kuchen durcheſſen.

O, das iſt keine leichte Arbeit! Endlich ſind wir da.

Die Häuſer ſind alle aus Pfefferkuchen. Die Dächer ſind mit Eierkuchen gedeckt. Die Fenſter ſind aus Zucker. Die Zäune ſind aus bräunlichen Bratwürſten geflochten. In den Bächen läuft die beſte Milch. Gänſe, Enten und Schweine laufen gebraten herum. Wer Hunger hat, dem kommen die gebratenen Täubchen ins Mäulchen geflogen. Auf den Äſten der Bäume und Sträucher hängen Mäntel, Hüte, Strümpfe, Höschen und Röcklein. Alle Leute lachen und singen den ganzen Tag. Schneit es, so schneit es lauter Marzipan, Rosinen und Mandeln. O, dürfte ich noch heute hin!

Kind und Mäuschen.

Mäusel, graues Mäusel,
bleib in deinem Häusel!
Warum immer Zucker naschen?
Misekater wird dich haschen,
wird dich packen, wird dich fressen. —
Wart, ich hol' dir was zu essen!
Mäusel, graues Mäusel,
bleib in deinem Häusel!

Ein Brief.

Marie schreibt mit Feder und Tinte einen Brief:

Lieben Freunden!

Kommen morgen zu mir! Bringen auch
Liese und Friedrich mit! Wir wollen
reigen spielen. Es grüßt dich

deine Freundin Marie.

Das Papier schließt sie in einen Briefumschlag. Auf diesen schreibt sie die Aufschrift. Sie klebt auch eine Briefmarke darauf. Nun trägt sie den Brief zum Briefkasten. Sie steckt den Brief hinein. Plumps, da liegt er im Kasten. Der Briefträger trägt den Brief zu Elfriede.

Und gleich noch ein Brief.

Guter Nikolaus!

Da ist mein Wunschzettel. Ich wünsche mir eine Puffpuff, eine Tafel Schokolade, einen Schimmel mit Sattel und Geschirr, einen Schlitten und Schlittschuhe. Der Mutter bringe ein goldenes Kettchen und ein gesticktes Deckchen für unser Sofa. Ännchen hätte gern einen Gummiball und ein weißes Lämmchen mit einem Glöcklein. Für den schlimmen Otto bringe eine Rute. Dem Bettler, der gestern da war, schenke einen warmen Rock. Der Karo braucht eine neue Hütte. Den Spatzen beschere Futter, damit sie immer satt werden. Besorge alles ordentlich!

Besten Gruß!   Dein Gotthard Mümmelmann.

Wer sagt mir, wie ein Reim draus wird?
    Der Käfer schwirrt, das Täubchen g . . . . ,
    das Kindchen lallt, die Peitsche . . . . . . ,
    der Donner grollt, der Wagen . . . . . ,
    die Katze schnurrt, der Hund, der . . . . . . ,
    die Biene summt, der Bär, der . . . .

58

v 𝔙 𝔅

Vögleins Begräbnis.

Vöglein ist gestorben. Alle im Hause sind betrübt; denn sie haben es ja so lieb gehabt. Wie schön es immer gesungen hat! Und wie brav und zutraulich es war!

Nun hat Vater ein kleines Grab gegraben. Gustav und Eva streuen Federn hinein, damit das Vöglein schön weich liegt. Nun legen sie es hinein. Vater streut Erde auf das Grab und macht einen kleinen Hügel. Darauf pflanzen die Kinder Veilchen, Stiefmütterchen und Ver giß mein- nicht. Dann gehen sie betrübt davon.

Im Bäudel.

Die Mutter sagte: Geh flink ins Bäudel und hole Schnittbohnen, Mohrrüben und etwas Sahne. Ich nahm die Mütze und lief. Schon war ich im Bäudel. Vor der Tür hielt ein Fuhrmann. Der brachte eine Fuhre Mehl aus der Mühle. An der Tür hingen mehrere Hühner und ein Hahn. In Körben lagen Möhren, Bohnen, Zwiebeln, Äpfel, Birnen, Pflaumen, Kohlköpfe. Auch eine Drehrolle fehlte nicht. Neben ihr stand ein großer Topf mit sauren Gurken und ein Sack mit Kartoffeln. Als ich meine Sachen bekommen hatte, bezahlte ich. Es machte vier Mark. Die Mutter hatte mir einen Zehnmarkschein gegeben. Wieviel bekam ich heraus?

Beim Zahnarzt.

Du lieber Doktor Stolprian,
o je, o weh, mein hohler Zahn!
Das bohrt und reißt und zwickt so sehr,
und jeden Tag zwickt's immer mehr.
Den ganzen Kopf zerreißt mir's noch.
O, lieber Doktor, hilf mir doch!

―――――

Nanu, ein Junge heult doch nicht!
Zeig ihn mal her, den Bösewicht!
Na wart, dem Lümmel will ich's lehren,
dich so zu ärgern und zu stören!
Mach auf das Mäulchen! — U — a — au!
Da ist er schon, der Racker, schau!
Sperr ihn, das soll die Strafe sein,
in deinen Federkasten ein!

Winter und Weihnacht.

Schneewetter.

Juchhe, es schneit! Die Schneeflocken tanzen in der Luft und fliegen wie Schmetterlinge umher. Endlich fallen sie nieder. Alles überziehen sie mit einer weißen Decke: die Beete im Garten, das Gras auf der Wiese, die Saat auf dem Felde, das Moos im Walde, das Boot auf dem See, die Straßen, die Dächer, alles, alles. Seht, die Pfähle und die Schornsteine haben weiße Kappen! Wie hübsch das aussieht!

A L L,
das Kätzchen lief im Schnee.
Und als es dann nach Hause kam,
da hatt' es weiße Höschen an.
A B C,
das Kätzchen lief im Schnee.

Schneemann und Sonne.

Kommt, wir wollen einen Schneemann bauen! sagte Ludwig zu Erich und Heinrich. Eilig machten sie sich an die Arbeit. Sie wälzten eine große Schneekugel. Das war der dicke Leib. Darauf setzten sie eine kleine Kugel. Das war der Kopf. Die Augen waren zwei Kohlenstückchen, und die Nase war eine kurze, dicke Mohrrübe. Auf den Kopf bekam er einen alten, schäbigen Hut. Nun war er fertig. O, es war ein spaßiger Kerl!

Auch der Sonne gefiel er gut. Sie sah ihn an und lachte über das ganze Gesicht. Ja, sie gab ihm sogar einen richtigen Kuß. Aber das bekam ihm schlecht. Er fing an weich zu werden und zu zergehen. Sein Leib wurde immer magerer, und der Hut fiel ihm immer tiefer über die Nase.

O Schneemann, was wird aus dir werden?

Wie die Kinder Weihnachten spielen.

Als Ernst aus der Schule kam, brachte er einen Tannenzweig mit. Den habe ich gefunden, sagte er und legte ihn auf den Kindertisch. O, ich weiß was, damit wollen wir Weihnachten spielen.

Da steckten sie den Zweig in einen Blumentopf mit Erde, den sie aus dem Keller geholt hatten. Frida zerpflückte ein bißchen Watte aus ihrem Schieferkasten und legte sie auf die Nadeln.

Aus Papier geschnittene Ringe waren die Zuckersachen. Ein Licht
gab ihnen die Mutter. Als es brannte, sangen sie:

O Tannenbaum, o Tannenbaum,
du kannst mir sehr gefallen.
Wie oft hat nicht zur Weihnachtszeit
ein Baum von dir mich hoch erfreut!
O Tannenbaum, o Tannenbaum,
du kannst mir sehr gefallen.

Weihnachten.

Wir konnten es schon
gar nicht mehr erwarten.
Es dauerte auch zu lange,
bis der heilige Abend kam.
Endlich, endlich war er da.
Nach dem Abendessen mußten
wir in die Küche gehen. Die
Eltern aber blieben in der
Stube. Wir horchten neu-
gierig an der Tür. Da klin-
gelte es, und die Tür öff-
nete sich. Hinein, hinein!

Ach, der **herrliche** Christbaum mit den strahlenden Lichtern,
mit Silberfäden, rotbackigen Äpfeln, vergoldeten Nüssen, Zuckerzeug
und andern schönen Sachen! Und erst die Geschenke! Ein Stecken-
pferd für Christian, eine Trommel für Erich, eine Puppe und ein
Stühlchen für Erna, eine Mütze und ein Kleidchen für den kleinen
Fritz und ein Buch für mich. O, das gute Christkind!

Was der Christbaum erzählt.

Mein Kind, unter euch Menschen bin ich fremd. Der weite Wald ist meine Heimat. Viele hundert Brüder hatte ich dort. Der Wind war mein guter Freund und Kamerad. Mit ihm habe ich so gern geplaudert. Er wußte viele schöne Geschichten; denn er kommt ja durch die ganze weite Welt.

Auch die kleinen, lustigen Vöglein hatte ich so lieb. Sie sangen mir jeden Tag ihre Lieder. Manchmal besuchte mich ein Häslein oder ein Reh, und abends kam der goldene Mond mit tausend funkelnden Sternen. Wie mild war sein Licht! Und wie totenstill war es im Walde, wenn die Nacht kam! Weit und breit hörte man keinen Laut. Nur das Bächlein murmelte immerfort ganz leise, wie im Traume. O, wäre ich noch im Walde!

Knecht Ruprecht.

1. Ich bin Knecht Ruprecht winterweiß.
   Mein Bart ist lauter Zapfeneis.
   Vom Tannenwald weit komm' ich her.
   Mein Sack ist hundert Zentner schwer.

2. Sind kleine Kinder hier im Haus?
   Dann schütt' ich meine Sachen aus:
   Lebkuchen, Nüsse, Marzipan.
   Das alles schickt der Weihnachtsmann.

3. Seid ihr auch alle fromm und gut?
   Ist keiner, der was Böses tut?
   Denn für die Bösen, gebt nur acht,
   hab' ich die Rute mitgebracht!

Wie malt man einen Weihnachtsmann.

Du fragst: Wie malt man einen Weih-
nachtsmann?
So gib mal acht, das ist gar schnell getan.
Zwei große Kreise erst, darüber eine Spitze.
Das ist Knecht Ruprechts hohe Zipfelmütze.
Und mitten einen kleinen Kreis hinein.
Darüber dann 2 Ringel, rund und fein.
Zuletzt hübsch säuberlich den Bart daran.
Zwei Striche noch:
da ist der Weihnachtsmann!

Neujahrswünschlein.

Liebe Eltern, ich bin noch klein,
drum muß auch kurz mein Verslein sein:
Ich wünsch' Euch für das neue Jahr,
daß Ihr gesund bleibt immerdar,
und daß der Herrgott jeden Tag
Euch Glück und Frohsinn schicken mag.
Ich aber will Euch stets recht viel
und immer fleißig und folgsam sein.

O, wie kalt ist es heute!

Das ist aber eine Kälte, sagte die Mutter, als sie vom Bäcker zurückkam, und rieb sich die Finger am warmen Ofen. Und geschneit hat es, daß man kaum gehen kann.

Dann hole ich meinen Schlitten, rief Johann und stieg die Bodentreppe hinauf. Sein Schlitten war noch ganz neu; denn der Weihnachtsmann hatte ihn erst vor ein paar Wochen gebracht. Die Mutter wickelte Johann einen dicken Schal um die Ohren und gab ihm seine neuen Handschuhe. Und dann ging's hinaus.

Ach, da war ja auch sein Freund Ernst! Ernst, ich hab' meinen neuen Schlitten, zieh mich mal! rief Johann. Und Ernst kam und zog ihn. O, wie tüchtig konnte er laufen! O, wie rot waren die Backen! O, wie weich war der Schnee! Wie schnell flog der Schlitten dahin!

Aber am Mittag, als Johann nach Hause kam und sich zu Tisch setzte, da konnte er nicht die Gabel halten, so steif waren seine Finger gefroren. Und hundert Nadeln stachen darin! Es war aber auch zu kalt!

Der Bettelmann.

Was ist das für ein Bettelmann?
Er hat ein kohlschwarz Röcklein an
und läuft in dieser Winterzeit
vor alle Türen weit und breit,
ruft mit betrübtem Ton: Rab! Rab!
Gebt mir doch auch einen Knochen ab!

Bei uns zu Hause.

Mutterforgen.

Mütterlein, lieb Mütterlein,
wie mußt du doch immerfort fleißig sein!
Wenn wir noch schnarchen am frühesten Morgen,
mußt du dich schon plagen, mußt du dich schon sorgen,
daß wir auch beizeiten den Kaffee kriegen,
daß wir nicht zu lang' in den Federn liegen,
daß wir nicht etwa die Schule verpassen,
auch Frühstücksbrot haben, nichts liegen lassen.
Dann mußt du fegen und putzen und klopfen,
mußt scheuern und flicken und bürsten und stopfen.
Die Wäsche darfst du auch nicht vergessen
und die Blumen, den Vogel, das Mittagessen.
So geht es immer tagaus, tagein,
oft bis in die stille Nacht hinein.
So geht es weiter, jahrein, jahraus.
Sag, Mutter, wann ruhst du dich endlich aus?

ph Ph ſ F v V

Beim Photographen.

Vaters Geburtstag war nahe. Joseph, Rudolf, Sophie und Philipp wollten den Vater überraschen. Da zogen sie heimlich die Sonntagskleider an und gingen zu Herrn Volke. Das war der Photograph. Der sollte sie photographieren.

Sophie mußte sich in einen niedrigen Korbsessel setzen. Der große Joseph hinter ihr guckte über sie hinweg. Rudolf und Philipp standen zu beiden Seiten. Der Photograph drehte an den Köpfen und legte den Kindern die Hände zurecht. Nun ging er an den Kasten und zog das schwarze Tuch über den Kopf.

Rudolf, halte den Kopf etwas höher!

Sophie, du machst ja die Augen zu!

Joseph, du machst ja ein Gesicht, als hättest du Essig getrunken!

Philipp, nimm den rechten Fuß zurück!

So, nun ist es gut!

Bitte, recht freundlich!

Jetzt nahm Herr Volke einen schwarzen Gummiball in die Hand.

Aufgepaßt, jetzt wird gleich ein Vogel aus dem schwarzen Kasten fliegen! 1 — 2 — 3.

Es knipste.

Danke! Sonnabend könnt ihr das Bild holen.

Wie wird sich Vater freuen! —

Und als der Geburtstag da war, konnte Rudolf auch ein hübsches Verschen aufsagen. Er hatte es dem Vater so aufgeschrieben:

> Lieber guter Vater, Du!
> Weil Du heut' Geburtstag hast,
> will ich dir was sagen.
> Ach, du mußt dich Tag für Tag
> tüchtig für uns plagen.
> Darum will ich fleißig sein
> und dich niemals kränken.
> Wenn ich groß bin, will ich dir
> auch was Schönes schenken.
> Ei, da bau' ich dir ein Haus,
> dir und unsrer Mutter.

tausend Rosen ringsherum
und der Hof voll Hühnel.
Und dann gibt es jeden Tag
goldene Eierkuchen.
und ich komm' mit meiner Frau
Sonntags dich besuchen.
Wenn ich groß bin... Ich hab' Mut,
und ich will's schon machen.
Vater, du, ich bin dir gut.
Ei, nun kannst du lachen!

Das Sternlein.

Es war einmal ein Büblein. Das hieß Peter. Peter wohnte droben, wo die hohen Berge sind, und hütete alle Tage des Vaters Ziegen, bis es Abend wurde.

Einmal war die Sonne schon lange untergegangen, und der Peter war noch draußen auf der Weide und schaute zum Himmel hinauf, wo die vielen Sternlein funkelten. Ringsum war alles ganz still.

Als er so schaut und schaut, da fällt auf einmal ein heller Stern herunter, grade auf das Haus, wo seine Eltern wohnen.

O wie schön, rief das Peterle, den muß ich suchen! Und er rannte mit seiner Herde den Berg hinab, dem Hause zu.

Aber als er seine Ziegen in den Stall getrieben hatte und nun in die Stube trat, da hatte das Peterlein ein kleines Brüder-chen bekommen.

Der kleine Prahlhans.

Der Hansel stemmt die Arme ein
und spricht zu seinem Mütterlein:
„Du sagst bloß immer: Pummerlein,
dazu bist du noch viel zu klein!

Jetzt, Mutter, hör dir einmal an,
was Pummerlein schon alles kann!
Dann sollt ihr nicht mehr lachen
und mit mir Späße machen.

Auf unserm Rappen bin ich schon
geritten ganz alleine.
Ja, ja, auch kascheln kann ich schon
und stehn auf einem Beine.

Zwei Semmelwürste zwing' ich schon
und Klöße fünfe, sieben,
den Graben überspring' ich schon.
Und sieh, was ich geschrieben!

Nicht wahr, das ist ein richt'ger Brief?
Und ganz und gar mit Tinte!
Hier ist ein Klecks, und da geht's schief,
ganz wie bei Tante Stinte.

Und hier, das feine Mondgesicht,
das hab' ich auch gemacht.
Das ist der Onkel Unverricht.
O, sieh doch, wie er lacht!

Die Katze hat schon Angst vor mir
und auch der Gänserich.
Und wenn ich in den Keller geh',
denkst du, da fürcht' ich mich?

Ich lauf' schon durch den dicksten Schnee
und durch die tiefsten Tümpel,
und wenn der Emil schreit: o weh!
da sag' ich bloß: Du Gimpel!

Und wenn ich durch die Mädel geh',
da machen alle Platz.
Gelt, Mutter, gelt, jetzt lachst du nicht
und sagst nicht: Hosenmatz?

Und wenn ich groß bin, zieh' ich fort
und werde ein Matrose.
Da krieg' ich eine Bändermütz'
und eine lange Hose.

Da fahr' ich bis nach Afrika
und dann viel weiter noch
und werd' ein großer Admiral.
Nicht wahr, das kann man doch?"

Die Mutter sprach bloß: „Kleiner Wicht,
prahl nicht mit faulen Fischen!
Da tust du groß — und kannst noch nicht
dir mal die Nase wischen!"

Großvaters Geschenk.

Wie sich's das Fritzchen schon gedacht,
hat Großpapa was mitgebracht.
Was mag nur in dem Kästchen
stecken?
Das wollen wir doch gleich ent=
decken!
Klapp, springt der Deckel hoch empor.
Ein Hanswurst springt blitzschnell
hervor,
versetzt dem Fritz 'nen Nasenstüber.
Und Großpapa — der lacht darüber.

Vier Rätsel aus der Stube.

1. Vier Beine hat's, doch kann's nicht gehen.
   Zu Mittag drauf die Speisen stehen.
2. Stehst du vor mir, dann siehst du dein Gesicht
   ganz wie es ist, ob schmutzig oder nicht.
3. Federn hat's und fliegt doch nicht.
   Beine hat's und läuft doch nicht.
   Immer steht es mäuschenstill.
   Weiter nichts als Ruh' es will.
4. Im Ofen ist sein Aufenthalt.
   Fressen kann's einen ganzen Wald.
   Mit Wasser macht man's mausetot.
   Wen's beißt, der leidet Schmerz und Not.

 qu Qu

Onkel Quark.

Wie ich über den Onkel immer lachen muß! Was er bloß für einen komischen Namen hat! Fridolin Quark heißt er. Ist das nicht zum Lachen? Und die feine Zipfelmütze mit der roten Quaste, und der Schlafrock! Der ist so weit, daß ich bequem auch noch mit drin Platz habe. Und die Pfeife! Die ist fast so lang wie der ganze Onkel Quark. Sie qualmt wie ein Schornstein. Onkel Fridolin macht immerfort Spaß. Bald quakt er wie ein Frosch, bald quiekt er wie ein Schweinchen. Bald legt er mich quer über den Tisch, bald wirft er mich hoch in die Luft und fängt mich wieder auf. Und in der Tasche hat er immer etwas zum Naschen. Darum bin ich so gern beim Onkel.

Der Osterhase.

„In 8 Tagen ist Ostern", hatte die Mutter gesagt. Hei, da freuten sich die Kinder! Sobald sie im Felde einen Hasen sahen, sangen sie gleich:

> „Häslein, Häslein, dort im Grase,
> bist du nicht der Osterhase?
> Hast du bunte Ostereier?
> Oder sind sie jetzt zu teuer?"

Endlich war der Ostermorgen da. Wie schnell die Kinder aus den Federn waren!

„Mutter, war der Osterhase da?"

„Freilich war er da, ganz zeitig schon!"

„Wohin hat er die Eier gelegt?"

„Das weiß ich nicht. — Sucht doch!"

Hei, wie sie rannten! Wie sie suchten! Günter legte sich längelang auf die Diele und kroch unter die Betten. Inge guckte in den Ofen, in die Schublade. Ilse suchte in Mutters Nähkasten, im Puppenwagen, in den Blumentöpfen, im Küchenschrank.

„Hurra ein rotes in Vaters Filzschuhen! Da zwei blaue im Puppenbett, ein braunes unter den Blumen am Fenster und noch eins und noch eins! Hurra, hurra!"

Wie man ein Kätzchen zeichnet.

1. Nimm den Stift, schwarz oder rot,
   zeichne eine Scheibe Brot!

2. Nun mach einen Henkel dran!
   Eine Tasche wird es dann.

3. Füg dazu zwei Ohren klein,
   wird's 'ne Lederbörse sein!

4. Setz ein Schwänzchen unten zu,
   wird ein Kätzchen draus im Nu!

Die Katze als Schornsteinfeger.

Fritz und Else sind allein. Die Mutter ist in die Markt=halle gegangen, und der Vater ist im Garten. Da sagt Fritz: „Jetzt spielen wir Schornsteinfeger. Else, du mußt der schwarze Mann sein!" Else sagt: „Nein, ich mag nicht schwarzer Mann sein! Schornsteinfeger, häßlicher Mann, Schornsteinfeger, schwarzer Bär!" „Da muß eben Mieze Schornsteinfeger sein", sagt Fritz. „Komm her, Mieze!" Er packt sie am Kragen und schleppt sie vor den Ofen. Er macht ihr das schöne, weiße Fell mit Ruß ganz schwarz. Jetzt ist sie ein rich=tiger Schornsteinfeger.

Da kommt Nero herein. „Ho, was ist da los?" denkt er. „Das ist der schwarze Teufel. Der muß raus! Wau, wau, hau, hau, raus, raus!" Die Katze läuft, was sie laufen kann. Sie kriecht unter den Tisch, Nero hinterher. Sie springt aufs Sofa, auf das weiße Kissen. O, ist das jetzt scheckig!

Wau wau! — Pch, pch, pfch!

Sie rennt über das weiße Tischtuch. Tapps, tapps! Jede Pfote macht einen schwarzen Fleck.

Wau wau! — Pch, pch, pfch!

Sie plumpst vor Angst in die schöne, weiße Mehlsuppe, welche die Mutter den Kindern hingestellt hat. Nero immer hinterher. Jetzt hopst sie gar in Vaters Bett und verkriecht sich unter die weißen Kissen. Und gestern hat sie die Mutter erst überzogen.

Da geht die Tür auf, und Vater kommt herein. Er ist ganz starr vor Schreck! Na, ihr könnt euch denken, was es dann gegeben hat!

Im Tageslauf.

Karls Traum.

Ach, hatt' ich heut nacht einen komischen Traum!
Hört zu: Ich saß auf unserm Pflaumenbaum,
saß und schnabulierte ganz gemütlich,
tat mir an den süßen Früchten gütlich.
Da, auf einmal — in der Luft ein Sausen!
Näher kommt's! Es ist wie Sturmesbrausen.
O, mein Schreck! Ein Vogel, riesengroß,
fliegt ganz wütend auf mich los,
packt mich mit den langen Krallen,
trägt mich himmelhoch hinauf
bis zur Sonne; weh — und läßt mich fallen.
Und ich sinke, schreie. — Bumms, da wach' ich auf.
Ach, da lieg' ich nackt auf kaltem Brett
auf der Diele, neben meinem Bett.
Und die Mutter kommt und lacht mit Schallen:
„Karl, du bist ja aus dem Bett gefallen!"

Am Morgen.

Max wacht auf. Er hatte eben von Hänsel
und Gretel und der bösen Hexe geträumt. In der
Küche klappert die Mutter schon mit dem Kaffeegeschirr. Da steht

Max ganz leise auf. Er kann sich schon ganz allein anziehen, waschen und kämmen. Jetzt ist er fertig. Er deckt schnell das Bett wieder zu und versteckt sich hinter der Tür.

Da kommt schon die Mutter zur andern Tür herein. „Junge, fix heraus, sonst kommst du zu spät in die Schule! Aber, Max, was machst du für Faxen? Du hast dich ja ganz verkrochen!" Sie schlägt das Bett zurück. Kein Max ist da. „Haben ihn die Räuber in der Nacht gestohlen?" — Da kann sich Max vor Lachen nicht mehr halten. „Guten Morgen, Mutter!" ruft er und springt auf sie zu.

Des Lehrers Freude.

Ist das Kindlein brav gewesen,
hat sein Stückchen gut gelesen,
schön sein Einmaleins gemacht,
hei, wie da der Lehrer lacht!
Ist um elf die Schule aus,
geht er ganz geschwind nach Haus
und erzählt es ganz genau
seinen Kindern, seiner Frau,
wie das Kind so brav gewesen,
gut sein Stückchen hat gelesen,
schön sein Einmaleins gemacht.
Hei, wie jedes horcht und lacht!

Die Schularbeit.

Es war nach Tische. Alexander machte seine Schularbeiten. Er hatte zu schreiben und zu rechnen. Als er gerade fertig war, hörte er, wie ihm sein Freund Karl pfiff. Da ließ er alles auf dem Tische liegen, und, heidi, war er unten.

Da kam die kleine Martha ins Zimmer, spielte mit der Tafel und wischte das Geschriebene aus.

Als Alexander wieder in die Stube kam, sah er, was das Schwesterchen angerichtet hatte. Da lief er zur Mutter und klagte es ihr. Die Mutter aber sprach: „Dein Schwesterchen versteht es noch nicht besser. Hättest du deine Sachen sogleich an den rechten Ort gebracht, dann brauchtest du deine Schularbeiten nicht noch einmal zu machen."

Puppenschule.

1. Püppchen, Püppchen, mußt dich schämen,
   bist noch dumm und schon so alt!
   Lesen mußt du endlich lernen.
   Zeit ist's dazu wirklich bald.
2. Gib nur acht, ich will dich lehren.
   Höre mir nur richtig zu:
   a mußt du vor allem lernen
   und dann e — i — o und u.
3. So, nun soll's für heut genügen;
   allzuviel, das schadet dir.
   Nach der Arbeit ist gut ruhen,
   nach dem Lesen spielen wir.
4. Ist es Abend dann geworden,
   leg' ich dich ins Bett zur Ruh',
   und dann mußt du auch schön beten,
   eh' du machst die Augen zu.
5. Püppchen, bist mein liebes Kindchen,
   mußt auch recht gehorsam sein;
   denn das müssen alle Kinder,
   und ich bin dein Mütterlein.

Puppen=Geburtstag.

„Komm, Gertrud," sagte Walter zu seiner Schwester, „wir wollen Mutter und Kind spielen. Ich bin der Vater, du bist die Mutter, und deine Puppe ist das Kind." — „Was soll ich denn sein?"

fragte Herbert, „ich will auch mitspielen!" — „Du bist der Onkel, du mußt bei uns zu Besuch kommen." —

Das war nun recht, und sie spielten Puppen-Geburtstag. Ein Brötchen war der Geburtstagskuchen. Der Sofaschoner war die Tischdecke. Sieben abgebrannte Streichhölzer waren die sieben Lichter. Walter schenkte der Puppe ein Schiff aus Papier, Gertrud nähte ihr ein Kleid, und Herbert brachte ihr den Hampelmann mit, den er selber zu Weihnachten bekommen hatte. —

Dann mußte die Puppe den Geburtstagstisch besehen, und sie mußte sich bedanken und durfte mit dem Hampelmann spielen.

Der Puppendoktor.

Doktor: Sie ließen mich rufen,
    da eilt' ich geschwind.
Mutter: Ach, lieber Herr Doktor,
    mir bangt um mein Kind!
Doktor: Nur ruhig, es stirbt solch
    ein Püppchen nicht gleich!
Mutter: Ach, bald ist es rot,
    und bald ist es bleich!
Doktor: Natürlich, es fiebert,
    der Puls geht erregt.
Mutter: O, schaffen Sie Rat,
    daß das Fieber sich legt!
Doktor: Ein Tränkchen schafft
        Hilfe,
    vertrauen Sie mir!
Mutter: Hier ist eine Feder und Tint' und Papier!
Doktor: Allstündlich zwei Löffel! Und hustet das Kind, —
Mutter: Herr Doktor, dann schick' ich zu Ihnen geschwind.
Doktor: Nur nicht in der Nacht; denn da läßt aus dem Haus
    mich nicht meine liebe Frau Mutter heraus.

Seifenblasen.

Eine Tasse ohne Griff, Wasser mit Seife, ein Stroh-
halm — mehr nicht. Die Kinder machen sich Luftballons,
helle, zarte, für den Wind. Die können fliegen, die gehn
auf Reisen. Immer mehr, immer mehr! Die ganze
Welt soll voll werden. O, da war eine! Eine ganz
dicke! Mit bunten Farben, mit Häusern und Fenstern
und Kindern! So groß wie dein Kopf! Wo ist sie?
Geplatzt.

Drachensteigen.

Jetzt ist Walters Drache fertig. Zwei ganz große
Bogen Papier hat der Vater dazu gebraucht. Aus Bunt-
papier ist ein Gesicht darauf geklebt. Der Schwanz reicht
von einer Stubenwand bis zur anderen.

Am Nachmittag gehen Walter und Wilhelm mit dem
Drachen auf die Spielwiese. Walter trägt den Drachen,
Wilhelm hält den Schwanz, und unter dem Arme hat er
eine Rolle Schnur, fast so groß wie sein Kopf.

Heidi, nun steigt der Drache hoch! Bauz, liegt er
unten! Walter sagt: „Er ist zu leicht", und er bindet sein
Taschentuch dran. Nun ist es gut, immer höher, immer
höher steigt er. Die Vögel fürchten sich vor seinem wilden
Gesicht. Wilhelm reißt in ein Papier in der Mitte ein
Loch. Das Papier läßt er an der Schnur in die Höhe
klettern. „Siehst du, das ist ein Telegramm!"

Hänschen auf der Jagd.

1. Hänschen wollte jagen gehn, hatte kein Gewehr.
   Sah er einen Besen stehn; das gefiel ihm sehr.
2. Hänschen ging voll Jagdbegier mit dem Besen aus:
   „Mutter, einen Braten dir bring' ich bald nach Haus!"
3. Saß ein Häslein auf der Flur. Hänschen machte: „Bumm!"
   Häslein machte Männchen nur, aber fiel nicht um.
4. Saß ein Rabe auf dem Baum. Hänschen machte: „Puh!"
   Doch der Rabe wie im Traum saß in guter Ruh'.
5. Hüpft ein Sperling an den Weg. Hänschen machte: „Paff!'
   Doch der Sperling piepte frech: „Hänschen, bist ein Aff'!"
6. Hänschen nun verlor den Mut, macht' ein schief Gesicht:
   „Schießen tut die Flinte gut; doch sie trifft ja nicht!"

Karussell.

Klinglingling, bimbimbambum,
immer lustig rundherum!
Dudeldudel, dumdumdei,
Rappe, Schimmel, eins, zwei, drei.
Mädel sitzen auf den Schlitten;
doch bei Jungen heißt's: geritten!
Mädel haben Angst und schreien,
Jungen aber wild sich freuen,
wenn's wie toll im Kreise geht,
daß die ganze Welt sich dreht,
und die Häuser alle wackeln
wie die Schwänze bei den Dackeln,
und die Bäume ringsumher
tanzen wie ein Zottelbär.
Klinglingling, bimbimbambum,
immer lustig rundherum.
Dudeldudel dumdumdei,
klingling, halt! — Ach, schon vorbei!

Abzählreime.

1. 1—2—3: Butter in den Brei,
   Salz auf den Speck, du bist weg!
2. 1—2—3: in der Bäckerei
   steht ein großer Korb voll Kuchen.
   Wer ihn finden will, muß suchen.
3. Strußel, Strißel, Sprudelfrißel.
   Gickel, Gackel, hopp, mein Dackel!
   Spaß und Speck, du mußt weg!

Wer kann's nachsprechen?

1. Die Katze tritt die Treppe krumm.
2. Sieben Schneeschipper schippen schnell sieben Schippen Schnee.
3. Meister Müller, mahl mir mein Maß Mehl;
   morgen mittag muß mir meine Mutter Milchmus machen.

Sandmännchen.

Die Abendglocken sind verklungen. Am Himmel glänzt der erste Stern. Kindchen ist müde. Die Mutter hat es zu Bett gebracht. Sie betet mit ihm das Abendgebet. Dann singt sie ihm ein Schlafliedchen. Das hört es so gern. So singt sie:

1. Suse, klein' Suse, mach 's Äugelein zu.
   Mondenschein liegt auf den Bäumen.
   Vögelein gingen schon lange zur Ruh',
   sitzen im Nestchen und träumen.
   Susala, dusala, dililidein,
   schlafe, mein Liebling, schlaf ein!
2. Suse, klein' Suse, mach 's Äugelein zu.
   Englein kommt leise, ganz leise,
   tritt an dein Bettlein mit goldenem Schuh,
   singt eine himmlische Weise.
   Susala, dusala, dililidein,
   schlafe, mein Liebling, schlaf ein!

Sie küßt das Kind auf die Stirn und spricht: „Gute Nacht, mein Liebling!" Dann geht sie in die Küche zu ihrer Arbeit.

Aber das Kind kann nicht einschlafen. Es horcht, wie die Uhr tickt, wie die Mutter mit dem Geschirr klappert, wie der Baum vor dem Fenster rauscht. Es fürchtet sich fast.

Da schleicht ein winziges Männlein ins Stübchen. Es hat ein graues Röcklein an. Auf dem Rücken trägt es ein Säckchen mit Sand. Jetzt tritt es leise ans Bett, greift ins Säcklein und streut dem Kinde etwas Sand in die Augen. Da schläft es ein.

Sandmännchen aber lächelt und geht weiter.

Zu Hause und auf der Straße.

Die Uhr.

Vaters Taschenuhr ging nicht mehr. Er zog sie auf, es half nichts. Er machte den Deckel auf und guckte hinein. O, die vielen Räder! Da sagte er: „Wolfgang, ich muß die Uhr zum Uhrmacher tragen; der wird sie wieder ganz machen. Komm mit!" — Wir gingen zu Herrn Kunze. Über der Ladentür war eine große Uhr. Im Laden saß Herr Kunze am Arbeitstische. Er guckte mit einem Vergrößerungsglase in Vaters Uhr. „Aha, da ist die Feder entzwei. In acht Tagen kann die Uhr wieder geholt werden."

Im Laden waren viele Uhren: dort eine Reihe Wecker, hier auf Samt goldene und silberne Taschenuhren, dort allerlei Wand=

uhren, auch Küchenuhren, und da in der Ecke eine große Stand-
uhr. Überall tickte es.

Jetzt war es gerade fünf. Da gab es ein Schnurren und
Schlagen. Jede wollte es immer besser machen.

Als wir heimkamen, sagte ich zur Mutter:

„Ich werde Uhrmacher."

Es klingelt!

1. Es klingelt! Rrr, der Wecker rasselt. Schon aufstehen? Ich
   möchte lieber noch eine Stunde schlafen!

2. Es klingelt! Helmut, sieh mal hinaus! Es wird der Briefträger
   sein. Richtig! Ein Brief von Tante Lene.

3. Es klingelt! Der Paketmann! Solch ein großes, schweres Paket!
   Das ist wohl vom Weihnachtsmann?

4. Es klingelt! Mutter, der Milchwagen hält schon an der Ecke!

5. Es klingelt! Da kommt der Kärrnerwagen, und der Gaul geht
   allein von einem Hause zum andern.

6. Es klingelt! Wer dort? — Ah, guten Morgen! Wie, heute
   nachmittag zu Kaffee und Kuchen kommen? Gern!
   Danke! Schluß!

7. Es klingelt! Der Wagenführer auf der Straßenbahn ist ärger-
   lich. „Der Kutscher will ja gar nicht ausweichen!"
   Da tritt er auf, daß die Klingel schreit, zweimal,
   dreimal, viermal.

8. Es klingelt! Die Feuerwehr kommt! Hedwig, schnell zur
   Seite!

9. Es klingelt! Mutter, komm flink! Der Mann auf dem Dampfer
   läutet schon! Gleich geht's los!

10. Es klingelt! So, Kinder, jetzt dürft ihr zur Einbescherung
    kommen! Aber erst singt euer Weihnachtslied!

11. Es klingelt! Die Schule ist aus!

Blaubeeren hat's da!

1. „Blaubeeren, süße Blaubeeren hat's da!"
   ruft es von der Straße her.
   „Günter, Inge, hier die Schüssel!
   Aber rennt nicht gar zu sehr!"

2. Vor der Haustür stand der Wagen,
   Frauen, Kinder um ihn her.
   Ach, die vielen, vielen Beeren!
   Hunderttausend und noch mehr!

3. Alle rund und blank und trocken.
   „Lustig, Leute, immer ran!"
   Und die Männer raffen, raffen.
   „Ach, wann sind wir endlich dran?"

4. „Her die Schüssel, kleine Muhme!
   Sieben Pfund, das lohnt sich gleich!
   So, nun rasch hinauf zur Mutter!
   Gelt, das ist so was für euch?"

5. Auf der Treppe ſtopfen beide
   gleich ſich mal das Mäulchen voll.
   Nu, nanu, ihr Racker wißt doch,
   daß man niemals naſchen ſoll!

6. Blau die Zunge, blau die Zähne,
   blau die Lippen, Naſ' und Hand. —
   Abends gab's dann Blaubeerkuchen,
   ganz wie im Schlaraffenland.

Was iſt das?

Ich ſtehe an der Straßeneck'
und rühre niemals mich vom Fleck.
Ich hab' ein buntes Röcklein an,
das ſchenkt mir früh der Zettelmann.
Nun ſtaunen mich die Leute an,
was alles ich erzählen kann.

Der Briefträger.

Klinglingling ertönt die Glocke vor der Tür. Ich eile
hinaus. Vor der Tür ſteht der Briefträger. „Hier, kleiner
Mann, iſt etwas für euch", ſagt er, und er gibt mir einen
Brief und eine Poſtkarte.

Neulich brachte er eine feine Anſichtskarte aus dem
Rieſengebirge. Sie war vom Onkel, der ſeinen Urlaub dort
verlebt. Die Anſichtskarten ſammle ich. Ich habe ſchon
eine ganze Mappe voll.

Unſerer Nachbarin brachte der Briefträger einmal einen
Trauerbrief mit einem ſchwarzen Rande. Da weinte ſie.

Manchmal bringt ein Briefträger auch ein Paket. Da
iſt die Freude groß.

Unter einem Schirm.

Unter einem Schirm zu zwei'n
geht sich's wohlgemut,
doch verträglich muß man sein
und einander gut.
Mag es dann auch noch so sehr
regnen oder schnei'n,
ruhig wandelt man einher
unterm Schirm zu zwei'n.

Wie die kleine Ilse Luftschiff fuhr.

Es regnete, und der Sturm heulte um alle Ecken und rannte die Straße immer auf und ab. Da ging die kleine Ilse mit Vaters großem Regenschirm einholen. Da lachte der Sturm und sagte: „Wart, die Kleine soll mal Luftschiff fahren!"

Er blies mit aller Macht in den Schirm und hob ihn mit der kleinen Ilse in die Höhe. Ilse hielt sich am Griff ganz fest.

Zuerst hatte sie Angst; aber dann gefiel ihr die Sache. So fuhr sie bis vor die Tür des Kauf= manns, wo sie einkaufen sollte. Da ließ sie der Sturm langsam herunter. — „Schönen Dank, Onkel Sturm!" sagte Ilse. „Ist gern geschehen, klei= nes Fräulein", antwortete der Sturm. „Auf Wiedersehen das nächste Mal!"

Und schon rannte er wieder heulend die Straße entlang und warf den Leuten Staub und Sand in die Augen und an das Fenster.

In der Markthalle.

Schön ist's, in die Hall' zu gehen.
Vieles gibt es da zu sehen:
Schönes Obst in ganzen Haufen.
Hätt' ich Geld, ich wollt' schon kaufen.
Wenn ein reicher Mann ich wär',
nähm' ich meinen Geldsack her.
Alle Pflaumen kauft' ich dann,
rief die Kinder all' heran,
sagte drauf: „Nun haut mal ein!"
Ei, das sollt' ein Schmausen sein!

Der Sprengwagen.

Es ist ein heißer Sommertag. In den Straßen liegt dicker Staub. Der Wind wirbelt ihn empor und jagt ihn den Menschen ins Gesicht. Da kommt ein Sprengwagen gefahren. In feinen Strahlen spritzt das Wasser nach allen Seiten und löscht den Staub. Kleine Knaben und Mädchen rennen hinter dem Sprengwagen her. Sie lassen sich das kühle Wasser auf die nackten Beine spritzen. Wie wohl das tut! Auf einmal läßt der Kutscher das Wasser ganz weit spritzen. O weh! Au, au! Hu, hu! Sie springen auseinander wie verjagte Spatzen. Naß wie gebadete Pudel sind sie alle, und das Wasser tropft von den nassen Kleidern, von den Gesichtern, von den Haaren. Aber der Kutscher lacht, daß ihm der Schnurrbart wackelt.

Auf der Elektrischen.

„Ilse, du mußt rasch einmal zu Tante Lotte fahren. Sag zu ihr: Guten Tag! Die Mutter läßt schön grüßen. Du möchtest heute abend zu uns kommen, Großmutter kommt."

So darf Ilse zum ersten Male allein auf der Elektrischen fahren. An der Haltestelle wartet Ilse einen Augenblick. Sie sagt vor sich hin: „Guten Tag! Die Mutter läßt schön grüßen..." Ja, sie kann es fein.

Ilse steigt zum Wagenführer. Dort sieht sie alles besser: wie er kurbelt, wie er Sand streut, wie er auf die Klingel tritt. Da klappert hinter Ilse das Schiebefenster. Sie merkt es nicht. „Heda, kleines Fräulein!" Erschrocken dreht sie sich um und sagt laut: „Guten Tag! Die Mutter läßt schön grüßen..." Ach, es ist ja der Schaffner, der die Fahrscheine verkauft!

Die Feuerwehr.

Gestern hat es in dem Hause geradeüber von uns ge= brannt. 5 Bodenkammern brannten. Vom Fenster konnte ich alles sehen. O, der Qualm am Dache! Und die vielen Leute auf der Straße! Da kamen schon die Feuerwehr= autos; erst der Mannschaftswagen, dann die Dampfspritze und der Wagen mit der großen Leiter. Das Geklingel! Schon sprangen die Feuerwehrleute ab. Schon waren einige im Hause. Schon waren die Schläuche an die Wasserleitung geschraubt. Das Wasser platschte ins Feuer. Eine Stunde hatte die Feuerwehr zu tun.

Einer Frau aus der Nummer 15 sind zwei Gebett Betten verbrannt und dem Paul der schöne, große Sportschlitten.

Breslau, du liebe Heimat!

Vom Hauptbahnhof zur Liebichshöhe.

Wir haben Besuch. Der dicke Onkel Otto ist da und hat den Robert und die Frida mitgebracht. Robert ist mein Vetter, und Frida ist meine Base.

Die Mutter und ich, wir haben sie vom Hauptbahnhofe abgeholt. In der großen Halle haben wir gewartet. Es standen schon viele Leute da in zwei langen Reihen. Das war ein Laufen und Rennen, Stoßen und Drängen! Viele kamen mit Paketen, und viele gingen mit Paketen durch die Sperre.

Endlich fuhr der Zug ein, mit dem der Besuch kommen sollte. War das ein Gedränge! Der Onkel lachte schon von weitem, als er uns sah, und schwenkte seinen Hut. Ich durfte ein Paket tragen. „Aber sei vorsichtig," sagte der Onkel, „es sind Eier drin!"

Vor dem Bahnhof waren viele Droschken. Die meisten Leute aber warteten auf die Straßenbahn. „Wollen wir fahren?" fragte die Mutter. „Ach was! Es ist ja so schön. Und meine beiden Steppken möchten doch gern die Liebichshöhe sehen", sagte der Onkel Otto.

Da gingen wir die Taschenstraße entlang bis zum Stadtgraben. Auf der Brücke blieben wir stehen und sahen uns die Karpfen an. Wir warfen Semmelbrocken ins Wasser. Da kamen die dicken Kerle an, machten das Maul auf und schnappten nach den Brocken. Wenn man will, kann man auf dem Stadtgraben auch gondeln. Früher schwammen auch Schwäne auf dem Wasser. Die sind jetzt weg. Das ist schade.

Nun gingen wir auf die Liebichshöhe. Wie schön ist es dort! Bunte Blumen blühen überall. Auf den Bänken sitzen fröhliche und traurige Menschen und ruhen ein Weilchen im Schatten der alten Bäume. Kinder jagen sich oder spielen im Sande.

Wir sind auch auf den Turm gestiegen. Immer im Kreise herum ging es die Treppe hinauf. „Kinder, hier wird man ja richtig verdreht!" hat der Onkel gesagt. Und geschwitzt hat er, als wir endlich oben waren.

Aber lustig ist das, wenn man so auf die Dächer hinunter= sehen kann. Die Leute auf der Straße sind so klein wie Zwerge. Und die vielen Türme! Die Mutter hat uns von allen die Namen genannt. Jetzt weiß ich erst, wie groß unser Breslau ist. Ganz in der Ferne sahen wir auch den Zobtenberg und auf der anderen Seite die Trebnitzer Berge. Dann stiegen wir hinunter und gingen durch die Anlagen nach Hause.

Auf dem Ringe.

Nach dem Kaffee wollte der Onkel in die Stadt, um Besorgungen zu machen. Vater war noch im Dienst. Wir fuhren bis auf den Ring. Dort sahen wir uns erst das Rathaus an. Über die lustigen Steinbilder an den Mauern haben wir sehr gelacht. Am Bärenbrunnen haben wir Kinder alle getrunken. Der Onkel sagte: „Ich gehe lieber einmal mit dem Vater in den Schweidnitzer Keller."

Nachher gingen wir ins Warenhaus. Unten stiegen wir in den Fahrstuhl ein. Der Führer drückte auf einen Knopf, und wir sausten in die Höhe. Robert und Frida waren ganz ängstlich. Ich habe sie ausgelacht. Oben stiegen wir aus und sahen uns alles an, während Onkel einkaufte. Er hat tüchtig geschimpft, weil alles viel Geld kostete. Mit Paketen beladen stiegen wir dann die breiten Treppen hinunter. Frida sagte: „Hier ist's freilich feiner als im Kramladen zu Hause."

Dann gingen wir die Schweidnitzer Straße entlang und sahen uns die Schaufenster an. „Das ist ja lebensgefährlich hier", sagte der Onkel. „Wenn man nicht aufpaßt, wird man einfach umgerannt oder überfahren." Die Angst, als wir über die Straße mußten! Mutter nahm Frida an die Hand und ich den Robert, und dann rannten wir los. Nach einer Weile sagte der Onkel: „Potztausend, das Pflaster macht müde Beine!" Da winkte er eine Droschke heran, wir setzten uns auf, ich zum Kutscher auf den Bock. Das war etwas!

Wir Kinder gingen dann bald ins Bett. „Und morgen machen wir eine Dampferfahrt!" „Ei, das wird fein!"

Eine Dampferfahrt.

Der nächste Tag war ein Sonntag. Nachmittag gingen wir mit dem Vater alle bis auf die Holteihöhe. Die Kastanien blühten wunderschön. Wir sahen hinunter auf die Oder. Da lagen große Kähne. Über das Wasser sah der Dom herüber und die schmucke Kreuzkirche und der dicke Turm der Sandkirche.

An der Haltestelle wartete schon das Schiff. Ein Matrose bimmelte an der großen Glocke. Der Onkel kaufte 6 Fahrscheine, und wir gingen über den Steg auf das Schiff. Noch einmal klang die Glocke. Dann fingen die Räder an zu rauschen. Wir fuhren los. Vor der Brücke legte ein Matrose den Schornstein um. Hinten stand der Steuermann und drehte das Steuerrad, bald rechts herum, bald links herum. Dann kam die stolze Kaiserbrücke.

Der Kapitän rief durch das Sprachrohr hinunter „stopp!" Wir waren bei der ersten Haltestelle. Ein Matrose sprang über das Geländer weg und machte das Schiff mit einem dicken Tau fest. Nun war der Dampfer ganz voll. Wir fuhren beim mächtigen Wasserturm vorbei. Dann kam die Haltestelle am Zoo. Wir fuhren bis zum Oderschlößchen mit. Dort setzten wir uns in den Garten und tranken Kaffee. Dazu aßen wir den mitgebrachten Kuchen. Vater erzählte, wie es früher im Zoo war, als noch die Tiere darin hausten: die lustigen Affen, die großen Elefanten, die

fpaßigen Bären, die wilden Löwen und viele andere Tiere. Auf
der Oder fuhren die Dampfer vorbei. Auch Ruderboote fchoffen
flink ftromab, und Segelboote fuhren im Zickzack hin und her.

An der Jahrhunderthalle.

Wir gingen dann ein Stück auf dem Oberdamm zurück,
bogen durch die Anlagen ab und kamen an die Jahrhunderthalle.
Weil fie gerade offen war, gingen wir hinein. Da haben die

Verwandten Augen gemacht! Auf einmal fing es an zu klingen
und zu braufen. Das war die große Orgel. Da setzten wir uns
hin und hörten ftill zu.

Dann gingen wir den Säulengang entlang um den Teich
herum. Vor dem Teiche war Konzert. Da kaufte der Vater
Eintrittskarten, und wir fetzten uns an einen Tifch und hörten
der Mufik zu.

Abends war dann großes Feuerwerk. Als es anfing, dunkel
zu werden, krachte plötzlich ein Böllerfchuß. Raketen ftiegen in die
Höhe, gelbe, blaue, rote und grüne. Einige platzten hoch oben mit
einem Knall, und dann regnete es goldene Sterne in den Teich.
Zuletzt erfchien ein feuriges Rad, das fich rafend fchnell drehte.
Wie das fprühte, und wie die Funken flogen! Das war die Sonne.
Nun noch ein Böllerfchuß! Das Feuerwerk war aus.

Wir rannten schnell zur Elektrischen und fuhren nach Hause.

Als die Verwandten wieder abreisten, bedankten sie sich und sagten: „Es hat uns sehr gefallen, und Breslau ist doch wunderschön!" In den Ferien aber soll ich zum Onkel aufs Land kommen. Darauf freue ich mich heute schon.

Hurra, Ferien auf dem Lande!

Die Ferienreise.

Endlich waren die Ferien da. Mein Rucksack war schon am Abend vorher gepackt. Mutter brachte mich zu Onkel Otto. Es fuhren an dem Tage noch viele Kinder aufs Land. Das war ein Gedränge auf dem Bahnsteige! Der Mann mit der roten Mütze hielt einen Stab in der Hand. Den hob er in die Höhe. Der Zug fuhr los.

Als wir ein Stück aus der Halle hinaus waren, sagte ich: „Mutter, bitte, gib mir eine Schnitte!" Die Frau neben mir sagte: „Nu, Jungel, du fährst wohl auch aufs Land? Da trink nur tüchtig Milch. Du siehst gar sehr blaß aus, und iß nur tüchtig!" Ich meinte: „Ja, der Vater hat mir auch schon gesagt, ich soll essen wie ein Scheunendrescher." Es gab draußen viel zu sehen. Die Zeit wurde mir gar nicht lang. Am Bahnhofe holte uns Onkel Otto mit dem Wagen ab. Ich saß neben ihm und durfte ein Stück kutschieren. Dann kamen schöne Ferientage auf dem Lande.

Der kleine Reiter.

Am liebsten war Günter immer bei den Pferden. Einmal setzte ihn der Knecht auf den alten Rappen und ging in den Stall nach dem Geschirr. Da machte Günter: „Hüo, he!“ und schlug mit den Beinen. Da dachte der Rappe, es soll jetzt ins Feld gehen. Trab, trab ging's zum Hofe hinaus, ins Feld, immer weiter, immer weiter. Günter hielt sich mit beiden Händen an der langen Mähne fest. Erst war ihm etwas angst. Aber als er sah, daß er nicht herunterfiel, kam's ihm ganz lustig vor. Wenn der Rappe langsam gehen wollte, machte Günter immer wieder: „Hüo, he!“ und strampelte mit den Beinen, da ging es wieder trab, trab, trab. Nun waren sie schon weit weg vom Dorfe, beinahe am Walde. „Na,“ dachte Günter, „wenn's noch eine Weile so weiter geht, komme ich bis nach Afrika zu den Schwarzen. Die hätte ich schon lange gern mal besucht, und da kann ich gleich einen kleinen Elefanten mitbringen.“

Da kam es hinterher trab, trab, und jemand schrie immerfort: „Brr, brr!“ Als der Rappe das hörte, blieb er gehorsam stehen und wartete, bis der Knecht da war. Der hob Günter sogleich herunter und sagte: „Junge, Junge, was machst du für Sachen! Du hättest ja den Hals brechen können!“ „Na, das war doch fein!“ sagte Günter. „Das nächste Mal reite ich aber bis nach Afrika.“

Bube und Böckchen.

Günter geht hinters Haus in den Garten. Er setzt sich auf sein Bänkchen und liest in seinem Bilderbuche. Die Sonne scheint ihm so schön warm auf den Buckel. Da wird er müde und schläfrig. Er gähnt: uah, uah! Nun fallen ihm die Augen zu. Bald schnarcht er, und sein Kopf stößt immer vor und wieder zurück, vor und wieder zurück.

Da kommt Peter, der Ziegenbock, des Weges. Er will die jungen Bohnen probieren. Wie er den Jungen immerfort so nicken sieht, denkt er: „Hoho, der will mich necken! Schön, da bin ich auch dabei. So was laß ich mir nicht gefallen. Wollen gleich mal sehen, wer's besser kann!" Er reckt sich, nimmt einen tüchtigen Anlauf, drei Schritte zurück und noch drei. Jetzt senkt er den Kopf und rennt gegen Günter los. Bums, hallo! Da liegt der Kerl im Grase, schlägt Purzelbaum und zappelt wie ein Hampelmann.

"Gelt, ich kann's doch besser?" sagt der Bock und geht stolz weiter.

Die kleinen Maler.

"Jetzt will ich dir einmal zeigen, wie schnell man ein Schwein= chen zeichnen kann", sagte eines Tages Robert zu Günter. "Paß gut auf!

Erst ein Viereck, länglich, dick;
fertig ist's im Augenblick.

Vorne noch ein Dreieck dran,
einen Punkt als Auge dann.

Hinten einen Ringelschwanz,
so ist's recht, mein lieber Hans.

Unten noch vier Beinchen.
Fertig ist das Schweinchen."

"Das geht wirklich fix", sagte Günter. "Aber jetzt will ich dir auch zeigen, wie man einen Elefanten malt. So wird das gemacht:

Erst den Rumpf, zwei Beine dran,

nun den Kopf, den Rüssel dann.

Zahn und Äuglein noch dazu,
Ohr und Schwänzel jetzt im Nu.
Fertig, Elefant, bist du!"

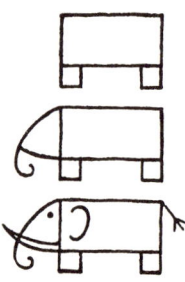

Bauer, bind den Pudel an,
daß er mich nicht beißen kann!
Beißt er mich, verklag' ich dich,
tausend Taler kostet's dich!

Ja wohl!

Und daß die Gänse barfuß gehn,
ist ihnen grade recht;
denn wenn sie gutes Schuhwerk hätten,
wär's morgen wieder schlecht.
Sie treten doch nur in die Pfützen,
da können Stiefel und Schuh' nichts nützen.

Der Hahn.

Ich bin der Herr von Tippen=Tappen,
trag' ein Kleid von bunten Lappen,
auf dem Kopfe roten Putz,
kratze gerne in dem Schmutz,
hab' auch einen Sporn dazu,
aber leider keine Schuh'!

Garten, Wiese und Wald.

Im Schrebergarten.

„Nun will ich euch mal was von unserm Garten erzählen",
sagte Günter. „Ihr wißt, daß wir draußen vor der Stadt einen
Schrebergarten haben. Da ist's fein. Da haben wir eine Laube,
die hat oben einen spitzen Turm mit einer Wetterfahne. Die Fahne
zeigt immer an, woher der Wind kommt. Vor der Laube ist eine
Schaukel. Da geht's immer heidi hoch, heidi hoch! Und neben
der Schaukel ist mein Sandkasten. Da baue ich Burgen, und dann
schieße ich sie mit meiner Kanone entzwei. Und dann habe ich auch
ein Beet. Das gehört mir ganz allein. Wir haben auch 10 Obst-
bäume, alle Sorten; aber die Pflaumen sind mir schon am liebsten.
Dann ist ein Stall da; dort wohnen meine Kaninchen. Ich habe
fünf Stück. Alle sind schwarz und weiß gescheckt. Jetzt kommt
aber eine böse Sache. Im Schuppen gibt's nämlich Ratten. Einmal mache ich den Kaninchenstall auf, da springt mir etwas auf
den Kopf, und was war's? — Eine große Ratte!"

Beim Gärtner.

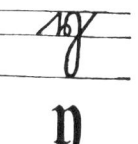

1. Guten Tag, Herr Gärtnersmann!
   Haben Sie Lavendel,
   Rosmarin und Thymian
   und ein wenig Quendel?

2. Ja, Madam, das haben wir
   draußen in dem Garten.
   Wollen Sie so gütig sein
   und ein wenig warten?

3. Junge, hol den Sessel 'rein
   mit den goldnen Spitzen!
   Die Madam wird müde sein
   und ein wenig sitzen.

4. Junge, geh in Garten 'naus,
   hole dort die Kräuter!
   Tu sie in den Korb hinein
   für die Madam Reuter!

5. Hier, Madame, haben Sie
   in dem Korb die Kräuter.
   Leben Sie wohl! Auf Wiedersehn!
   Ade, Madame Reuter!

Zwei Rätsel.

1. Im Garten steht ein grünes Haus,
dort ruht man von der Arbeit aus.

2. In dem Garten an der Mauer steht ein Jäger auf der Lauer, stellt die Netze listig aus. Kommt ein Tierlein dann gegangen, wird im Netze es gefangen, und er saugt das Blut ihm aus.

Mai.

Heijoh! Hurra!
Der Mai ist da,
der Mai, der liebe Mai!
Es sagen's uns die Blumen all
im Garten und am Rain,
es singen's uns die Vöglein all
in Feld und Wald und Hain.
Durch Berg und Tal
ruft's tausendmal
der goldne Sonnenschein.
Drum wollen wir jauchzen und singen,
drum wollen wir tanzen und springen
und allzeit fröhlich sein.
Heijoh! Hurra!
Der Mai ist da,
der Mai, der liebe Mai!

Der Maikäfer.

Maikäfer, fliege!
Der Vater ist im Kriege,
die Mutter ist in Pommerland,
Pommerland ist abgebrannt.

Marienwürmchen.

Marienwürmchen, setze dich
auf meine Hand, auf meine Hand!
Ich tu dir nichts zuleide:
Es soll dir ja kein Leid geschehn,
will nur deine bunten Flügel sehn.
Bunte Flügel, meine Freude!

Blumenpflücken.

1. Pflückst du Blumen, sei bescheiden!
   Nimm nicht gar zu viele fort!
   Denn die Blumen, die es leiden,
   zieren doch so schön den Ort.
2. Nimm ein paar, und laß die andern
   in dem Grase, an dem Strauch!
   Andre, die vorüber wandern,
   freuen sich der Blumen auch.

Wo bin ich gewesen?

Wo bin ich gewesen? Nun rat einmal schön!
Im Wald bist gewesen, das kann ich ja sehn.
Spinnweben am Kleidchen, Tannnadeln im Haar,
das bringt ja nur mit, wer im Tannenwald war.

Was tat ich im Walde? Sprich, weißt du das auch?
Hast Beerlein gepickt vom Heidelbeerstrauch.
O, sieh nur, wie blau um das Mündchen du bist!
Das bekommt man ja nur, wenn man Heidelbeer'n ißt!

Drei Rätsel.

1. Ei, sagt mir doch den Vogel an,
   der seinen Namen rufen kann!

2. Ich weiß ein bunt bemaltes Haus.
   Ein Tier mit Hörnern schaut heraus.
   Das nimmt bei jedem Schritt und Tritt
   sein Häuslein auf dem Rücken mit.
   Doch rührst du an die Hörner sein,
   geht es geschwind ins Haus hinein.
   Was für ein Häuslein mag das sein?

3. Ein Männlein kenn' ich sonderbar,
   's trägt einen Hut und hat fürwahr
   gar keinen Kopf. Auch kann's nicht gehn
   und muß auf einem Beinchen stehn.

Der Pilzkönig.

Max und Christian waren im Walde. Sie wollten Pilze und Beeren sammeln. Wie still und einsam es unter den Bäumen war! Nur eine Eidechse raschelte manchmal im dürren Laube. Einmal schlich auch ein Fuchs über den Weg. Die Kinder fürchteten sich fast.

Jetzt kamen sie zu einer kleinen Wiese mitten im Walde. Da wuchsen viel hundert Pilze, rote, braune und graue. Die Jungen fingen sogleich an zu sammeln, und bald waren ihre Büchsen bis obenauf gefüllt. Aber sie fanden immer noch schönere.

102

Auf einmal stand ein winziges Männlein vor ihnen. Es war nicht größer als ein Kaffeekrug. Es trug ein graues Röcklein, eine spitzige rote Mütze und eine Schürze aus grünen Blättern. Über der Achsel hing ihm eine kleine Armbrust. Nun fing er mit krächzender Stimme an zu schimpfen: „Ich bin der Pilzkönig! Warum raubt ihr mir meine Kinder? Fort mit euch aus meinem Reiche, ihr bösen Buben, sonst schieße ich euch mit meinen giftigen Pfeilen mausetot!"

Und schon legte er drohend die Armbrust an. Den Kindern klopfte vor Schreck das Herz. Sie rannten wie gehetzt quer durch den Wald davon.

Da jauchzte das Männlein und verschwand.

i u e ei eu o a ü ö ä

ai au äu

n m r t l f v w s j d b

p z g k ck h ch sch ß x qu y

was tun wir?

In der Schule:

wir lesen, schreiben, rechnen, malen, singen, ...

In der Küche:

wir kochen, backen, quirlen, waschen, braten,...

Im Garten:

wir hacken, gießen, jäten, pflücken, säen, ...

Beim Spiel:

wir laufen, fangen, tanzen, springen, zählen, ...

Bei der Mahlzeit:

wir kauen, beißen, essen, schneiden, suppen, ...

Wer aber

schöpft, exerziert, verliert, wetzt, panscht?

a b c d e f g h i j k l m n

A B C D E F G H I J K L M N

o p qu r s t u v w x y z

O P Qu R S T U V W X Y Z

Wie die Kinder heißen.

Artur	Bruno	Christian	Dietrich	Ernst
Anna	Berta	Christa	Dora	Emma
Fritz	Gotthard	Hans	Joseph	Kurt
Frida	Gisela	Hannchen	Ingeborg	Klara
Leo	Max	Nikolaus	Otto	Philipp
Liesbeth	Marie	Nelli	Olga	Pauline
Richard	Siegfried	Theodor	Ulrich	Viktor Wilhelm
Resi	Sophie	Therese	Ursula	Viktoria Walli

Allerlei Farben.

weiß: Schnee, Papier, Gardine, Bettbezug ...
schwarz: Kohle, Tinte, Trauerhut, Bleistift ...
rot: Blut, Kleid, Schleife, Kirsche, Rose ...
blau: Himmel, Vergißmeinnicht, Matrosenanzug
grün: Gras, Sommerlaube, Jägerjoppe ...

Beim Kaufmann.

Guten Tag! Bitte ein Pfund Zucker!
Ganz frische Butter ist da.
Was kostet der Kaffee?
Hier, Kleiner, ein Bonbon!
Auf Wiedersehen!

Auf der Post.

Für eine Mark Zehnpfennigmarken kaufen.
Sechs Postkarten holen.
Ein Paket nach Berlin abgeben.
Eine Postanweisung einzahlen.
Ein Gespräch für den Fernsprecher anmelden.

Schilder.

Hier ist eine Wohnung zu vermieten.

Betteln und Hausieren verboten!

Kein Durchgang!

Heute um 6 Uhr warme Wurst!

Dem Führer ist die Unterhaltung mit den Fahrgästen untersagt.

Vorsicht, bissige Hunde!

Denkt ihr denn, denkt ihr denn,
Mädchen wären teuer?
Fünfe für ein Pfennigstück,
zehn für einen Dreier.

      Denkt ihr denn, denkt ihr denn,
      Jungens sind so teuer?
      Sechs für einen Flederwisch,
      zwölf für einen Dreier.

   Annele, Hannele geht in den Laden,
   will für 'nen Dreier Knackwurst haben.
   Für einen Dreier gibt es nicht.
   Annele, Hannele ärgert sich.

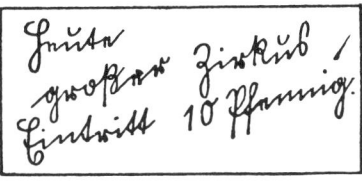

Die Kinder sind mit den Eltern im Zirkus gewesen. Den Sonntag darauf, als die Eltern fort waren, sagt Günter: „Heute wollen wir einmal Zirkus spielen." Da sagen alle: „Ja, das wird fein." Und sie fangen sogleich an. Wer zusehen will, soll 10 Pfennig Eintritt zahlen. Inge hat die Kasse. Günter ist Direktor. Er holt sich seine lange Peitsche und stellt sich in die Mitte. Er knallt. Da geht's los.

Zuerst kommt ein Kunstreiter. Es ist Kurt mit seinem alten Wiegenpferde. Er stellt sich in den Sattel, er steht auf einem Beine, er tanzt sogar. Alle klatschen und rufen: bravo, bravo!

Dann kommt der Pudel dran. Inge holt eine Bratwurst und legt sie auf einen kleinen Teller. Den soll der Pudel in den Zähnen zum Herrn Direktor tragen. So war es im Zirkus auch. Aber als der Pudel die Wurst riecht, wirft er den Teller gleich hin, packt die Wurst und frißt sie auf. Günter möchte ihn am liebsten verprügeln; aber was hilft es! Die schöne Wurst ist weg, und der Teller ist auch zerschlagen. O, was wird Mutter sagen!

Jetzt kommt Misepeter, der Kater, an die Reihe. Er soll durch Elses Reifen springen. Aber als Günter mit der Peitsche knallt, kriegt der Kater Angst — und heidi ist er zur Tür hinaus und der Pudel gleich mit hinterdrein.

„Na, die sind zu dumm für den Zirkus", sagt Günter. „Aber jetzt kommt das Feinste: Der Hanswurst und der dumme August. Aufgepaßt!"

Und schon kommen die beiden herein.

O, die hättet ihr sehen sollen!

Hanswurst ist der Rudolf. Er hat sich Mutters Bluse und Gretes Unterhose angezogen. Sein Kopf steckt in Vaters Zylinder. Vor dem Gesicht hat er eine Larve mit schwarzem Bart.

Den dummen August macht Tischlers Erich. Er hat sich das Gesicht auf der einen Seite mit Ruß bestrichen, auf der andern mit Mehl. Er hat sich eine ganz lange Nase aufgesetzt mit einer großen Brille. Er hat die Langschäfter von seinem großen Bruder an und einen alten Frack. Auf dem Kopfe hat er eine Zipfelmütze.

„Meine Herren, wie heißen Sie?" fragt der Direktor. „Ich heiße August Buttermilch", sagt der dumme August. „Und ich heiße Isidor Fitzeputzli", sagt der Hanswurst und macht eine tiefe Verbeugung.

„Na schön," sagt Günter, „der Herr August Buttermilch soll sich mal auf die Diele setzen." „Machen wir!" sagt der dumme August und will sich gemütlich hinsetzen.

Da stellt der Hanswurst schnell ein Waschbecken mit Wasser unter. Da setzt sich der Herr August Buttermilch mit seinem feinen Frack hinein, daß das Wasser bloß so herumspritzt. Da lachen alle.

Aber der August ist wütend und mag nicht mehr mit. Da ist die Vorstellung aus.

Und

    unser

        Buch

           auch.

Inhaltsübersicht.

Inhaltsübersicht.

Inhaltsübersicht.